Susanne Schaber
**Lesereise Venedig**

Susanne Schaber

# Lesereise Venedig

*Eine Stadt sticht in See*

Picus Verlag Wien

*Für Ruth Schaber – zweiundsechzigmal Venedig und kein Ende der Reise in Sicht*

Copyright © 2019 Picus Verlag Ges.m.b.H., Wien
Alle Rechte vorbehalten
Grafische Gestaltung: Dorothea Löcker, Wien
Umschlagabbildung:
© mauritius images / Jan Wlodarczyk / Alamy
Druck und Verarbeitung:
EuroPB, s.r.o., Tschechische Republik
ISBN 978-3-7117-1092-5

Informationen über das aktuelle Programm
des Picus Verlags und Veranstaltungen unter
***www.picus.at***

# Inhalt

### Die Sterne entlang
*Piero Dri baut Rudergabeln und kennt die Wege durchs Wasser* .................................................................................... 9

### Heimathafen Harry's Bar
*Enten, Nebel und Liebeshändel: Mr. Hemingway erkundet die Lagune* ............................................................................ 18

### Wo der Mythos wohnt
*Wie man mit List und Tücke bis ganz nach oben steigt* ........ 28

### Höhenflug durch die gläserne Decke
*Marina und Susanna Sent schreiben die Geschichte Muranos um* ...................................................................... 37

### Zwischen Holz und Leinwand schimmert Tizian-Rot
*Die venezianischen Maler holen die Kunst aus dem Elfenbeinturm* .................................................................. 45

### Eine Stadt sticht in See
*Der Architekt als Kapitän: Palazzi und Häuser segeln durch die Zeiten* .................................................................. 54

### »Ich habe alles gelebt«
*Nichts zu bereuen: Peggy Guggenheim feiert Kunst und Exzentrik* ............................................................................ 64

### Risi e bisi, carciofi und pasta e fagioli
*Der Garten der Venezianer: Kulinarische Spurensuche Für auf Sant'Erasmo* ............................................................. 74

## Schmiegsames Gold, flammendes Metall
*Mariano Fortuny und Henriette Negrin wandern zwischen den Welten* .............................................................. 84

## Fare bella figura auf den Bühnen der Stadt
*Venezianische Anachronismen: Die Schuhmacherin Gabriele Gmeiner* ................................................................... 94

## Wenn Steine sprechen
*Luigi Nono, der prete rosso und die Klänge von Marmor und Meer* ............................................................................. 103

## Auf schwankendem Boden
*Streifzüge durchs Ghetto* ....................................................... 114

## E la nave va
*Venedig wird nicht untergehen* ............................................. 123

# Die Sterne entlang

*Piero Dri baut Rudergabeln und kennt die Wege durchs Wasser*

> »Jedes Mal, wenn ich eine Stadt beschreibe, sage ich etwas über Venedig.«
> ITALO CALVINO

Mit einem einfachen Stück Holz, das durch seine Hände gleitet, beginnt für Piero Dri eine aufregende Reise: In den Jahresringen und Maserungen mächtiger Walnussstämme erkennt er seine Route, in den eingeschlossenen Ästen die Wegmarken. Und schon startet seine imaginäre Fahrt. Es dauert nicht lange, bis seine Heimat Venedig hinter ihm liegt und er in ferne Gestade aufbricht.

Piero Dri ist *remer*. Er baut Ruder für Gondeln und Boote und ist berühmt für seine *fórcole*, wie die Rudergabeln im lokalen Dialekt heißen. Jede einzelne ist eine Herausforderung, sich neuen Ufern zu nähern, wie er erzählt, und damit abzutauchen in ferne Lebenswelten und in die Geschichte eines Handwerks, das den Stürmen der Zeiten getrotzt hat.

Vier *remer* gibt es heute noch in Venedig, Piero Dri ist der jüngste und vielleicht auch der leidenschaftlichste. Ein mittelgroßer junger Mann mit braunen, vorwitzigen Augen und einem offenen

Lachen. Seine Sprache steckt voller Poesie. »Eine *fórcola* fertigzustellen gleicht der Ankunft in einem fremden Hafen«, verrät er, einem Freudentanz nach Tagen und Wochen der Einsamkeit auf dem offenen Meer. Piero ist ein Querdenker und darin ein gewinnender Charakter. Er fürchtet sich nicht, als Einzelgänger zu gelten. Nur nicht im Schwarm der Fische mitschwimmen, das ist seit jeher sein Credo.

Schon als Kind schließt er sich seinem Großvater an, der einen *sàndolo* besitzt, eine Art Gondel, die früher beim Fischen und auf der Entenjagd verwendet wurde. Gemeinsam erkunden die beiden die Lagune. Einmal jährlich wird das Gefährt zur Generalüberholung in die Werft gebracht. Als sein *nonno* stirbt, erbt Piero den *sàndolo*. Und weil er kein Geld hat für den teuren Service, legt er selbst Hand an. Eine gute Schule.

Nach seiner *maturità* am Liceo Scientifico schreibt er sich an der Universität von Padua für Astronomie ein. Ohne Sterne kein Navigieren: Wahrscheinlich haben ihm auch die venezianischen Seeleute den Kurs vorgegeben. Ein wesentlicher Grund für die Wahl eines eher exotischen Fachs aber ist die Überschaubarkeit des Instituts, jede Form der Massenabfertigung scheint ihm unerträglich. Es gibt Seminare und Vorlesungen, da sitzen nur zwei oder drei Studenten im Saal.

Pieros Zeugnisse sind erstklassig. Doch er gerät in eine Krise. Auf den Ausflügen mit seinem *sàndolo* spürt er, wohin es ihn wirklich zieht: Er möchte zurück nach Castello, wo er aufgewachsen ist, und mit seiner Hände Arbeit Geld verdienen. Und er ist mutig genug, dem Ruf seines Herzens zu folgen. Also spricht er bei Maestro Paolo Brandolisio vor, einem Schüler von Giuseppe Carli, einer gefeierten *Remer*-Legende. Paolo winkt ab, Piero bleibt hartnäckig. Bis er Brandolisio weichgeklopft hat. Sieben Jahre lang geht er bei ihm in die Lehre und beendet daneben noch sein Studium der Astronomie, und das mit Bestnoten und höchsten Ehren.

Und nun? Piero horcht neuerlich in sich hinein und fällt einen radikalen Entschluss: keine Karriere bei der NASA oder einem anderen prestigeträchtigen Unternehmen. Stattdessen kehrt er nach Venedig zurück, zu seinen Wurzeln. In einer dunklen Ecke von Cannaregio, ganz in der Nähe von Ca' d'Oro, findet er einen verwahrlosten Lagerraum und hat Glück. Dem Besitzer imponieren die Pläne des ambitionierten Handwerkers, und er überlässt ihm das Magazin zu einem günstigen Zins. Nicht selbstverständlich in einer Stadt, in der jeder Quadratmeter teuer vermietet oder verkauft wird. Piero schlüpft bei seinen Eltern unter, eine eigene Wohnung kann er sich nicht leisten. Er investiert all seine Ersparnisse, renoviert die desolaten Räumlichkeiten und funktioniert sie zur Werkstatt um. »Il Forcolaio Matto« nennt er seinen Betrieb: der verrückte *Fórcola*-Hersteller. Man muss wohl auch verrückt oder ein unverbesserlicher Optimist sein wie Piero Dri, um sich als *remer* zu behaupten.

Ohne Boote kein Venedig. Seit der ersten dauerhaften Besiedlung von Torcello und dem Gebiet von Rialto waren die Lagunenbewohner als tüchtige Fischer und Seefahrer berühmt. Sie handelten mit Meeresgetier und Salz, beförderten Güter von Hafen zu Hafen und transportierten Truppen, Beamte und Kaufleute bis nach Byzanz. Mit der Intensivierung der eigenen Geschäftsbeziehungen wuchs der Bedarf an Schiffen. 1104 legte man auf einem sumpfigen Gelände im Westen von Castello den Grundstein fürs Arsenale, das zur bedeutendsten Werft Europas aufstieg und für die Venezianer zum Fundament ihrer Macht avancierte. Die Fabriken wurden laufend erweitert und umfassen heute noch vierundzwanzig Hektar, was einem Zehntel des historischen Zentrums entspricht: das achte Weltwunder, wie man das größte vorindustrielle Wirtschaftsunternehmen dieser Erde nannte. »Gleich wie man in Venedigs Arsenal / Das Pech im Winter sieht aufsiedend wogen, / Womit das lecke Schiff, das manches Mal / Bereits bei Sturmgetos das Meer durchzogen, / Kalfatert wird – da stopft nun der in Eil / Mit Werg die Löcher aus am Seitenbogen [...]«, so Dante im XXI. Gesang seines »Inferno«, nachdem er 1306 das unermüdliche Getriebe in der Werft bestaunt hatte. Tausende Arbeiter waren im Arsenale beschäftigt, Boote zu bauen und vom Stapel laufen zu lassen oder auch Reparaturen durchzuführen. Hohe Mauern und Türme begrenzten das Gelände, strenge Gesetze sorgten dafür, dass die Art der Werkzeuge und technischen Abläufe geheim blieben. Solcherart schob man der damals schon recht verbreiteten Industriespionage den Riegel vor.

1423, so eine Schätzung des damaligen Dogen Francesco Foscari, besaß Venedig fünfunddreißig Galeeren, dreihundert Segelschiffe und dreitausend bescheidenere Boote. Sechsunddreißigtausend Seeleute verdingten sich im Dienst der Stadt, ein knappes Viertel der Bevölkerung. Ihnen garantierte man Freiheiten und Schutz, die in einem erstmals kodifizierten Seerecht festgeschrieben waren.

Eine Blütezeit. Ihr Ende kündigte sich an, als Portugal, Spanien sowie England und die Niederlande erfolgreich in See stachen und die Konkurrenz auf den Märkten stieg. Das Netz venezianischer Handelsrouten wurde kleiner, die Flotte überschaubar. Der langsame Niedergang der Serenissima. Bis die Flut der Touristen über die Lagune hereinbrach und sich neue Verdienstmöglichkeiten ankündigten. Das Arsenale wurde 1960 geschlossen und ist heute Schauplatz der Biennale und zudem ein beeindruckendes Industriedenkmal.

Licht dringt in den engen Ramo dell' Oca. Durch die Fenster der *bottega* »Il Forcolaio Matto« blickt man in die hell erleuchtete Werkstatt. Dort ist Piero Dri ins Gespräch mit einem *gondoliere* vertieft: Die beiden Männer beugen sich über einen Holzblock, diskutieren und gestikulieren. Als die Glocke über der Tür läutet und Besucher eintreten, verabschiedet man sich mit einem festen Händedruck. Die Verbindung mit seinen Auftraggebern sei eng, so Piero. Treueste Abnehmer sind die *gondolieri* vom nahegelegenen Standplatz Santa Sofia oder auch Sportlerinnen und Sportler aus einem der zahlreichen Ruderclubs. Nach ausführlichen

Vorgesprächen sieht sich der Kunde dem Maßband und der Waage gegenüber: Größe, Gewicht und der Abstand zwischen Ferse und Knie steuern den Entwurf der Gabel. Nur wenn die *fórcola* perfekt geformt ist, gelingt es in den engen Gassen, die Schwankungen der durch unerwartete Kurven und Manöver aus dem Takt geratenen Gondeln auszugleichen.

*Voga veneta* heißt die Technik, im Stehen zu rudern und sich auf diese Weise wendig und schnell durchs Wasser zu bewegen. Ob Gondel, *ballotina*, *sàndolo* oder *caorlina*: Die Boote sind schmal und flach, ursprünglich ein Erbe der Römer, die damit seichte Seen und Flüsse durchkreuzten. Bei der Gondel bildet der *ferro di prua*, ein über zwanzig Kilogramm schwerer Bugbeschlag, ein Gegengewicht zu den Ruderern, die an Bord sind. Seine sechs Zacken repräsentieren die *sestieri*, die sechs Stadtteile also, und laufen in einer Art Horn aus, das für die Kopfbedeckung der Dogen steht.

Auch die *fórcola* findet man in dieser Ausprägung nirgendwo sonst. Jede von ihnen ist ein Unikat, für das Piero die Stämme ausladender, gut getrockneter Walnussbäume verwendet. Die Herstellung selbst kann bis zu vierzig Stunden dauern. Und natürlich ist jede von ihnen signiert. Kunstwerke. Die meisten landen auf einem Boot, einige werden zum Blickfang in *palazzi* und noblen Wohnungen auf der ganzen Welt: Inzwischen sind Rudergabeln beliebte Objekte für jene, die sich ein Stück Venedig nach Hause holen. Keine Souvenirs, sondern wirkliche Statements, und damit ein Bekenntnis zu einer Stadt, die sich gegen Gleichmacherei und Globalisierung aufbäumt.

Auch Piero beobachtet die Entwicklung seiner Heimat wachen Auges. Etliche Veränderungen schmerzen ihn. Früher einmal seien Gondel und *sàndolo* viel stärker im Alltag verankert gewesen, erzählt er. Man sei damit zum Bäcker gerudert oder zum Fischmarkt. Heute ringt man um jeden der knapp gewordenen Freiräume. Motorboote und Kreuzfahrtschiffe wühlen das Wasser so stark auf, dass es *gondolieri* und Ruderer schwer haben, das Gleichgewicht zu halten. Sie verteidigen ihr angestammtes Revier und verfluchen die Touristenströme. Regatten sind immer noch Höhepunkte der Sommersaison, und die *gondolieri* hochgeschätzte Mitglieder der Gesellschaft. Auch wenn sie manches von ihrer Eigenständigkeit aufgegeben haben. Ein Gutteil von ihnen steht bei mächtigen Agenturen unter Vertrag und fühlt sich von Ignoranten herabgewürdigt, die ihr Können nicht zu schätzen wissen: Die meisten Gäste steigen reichlich arrogant ins Boot, versuchen den Fixpreis zu drücken, ehe sie zum Aufbruch blasen und ihr Handy aus der Tasche fischen. Wovon sehen sie nun mehr, von den Kanälen, *palazzi* und Kirchen oder von den Nachrichten am Display? Die *gondolieri* sind oft frustriert, weil man sie zu schnöden Dienstleistern und Komparsen degradiert hat. Ihr Stolz ist verschwunden und ihr Wissen um die Serenissima liegt brach, wenn es nicht abgerufen wird. Wenn die Gondeln Trauer tragen.

»Venedig ist nicht New York, London oder Stockholm, Venedig ist unverwechselbar«, so Piero Dri. »Wir müssen aufpassen, uns nicht zu verlieren. Nur so können wir den Besuchern all das zeigen, was Teil unserer Geschichte und Identität ist.« Ein Umdenken hat begonnen. Er selbst bietet Workshops für interessierte Laien an und engagiert sich bei »Venezia Autentica«, einer Vereinigung ambitionierter Betriebe, Geschäfte und Restaurants. Mit gut gebündelten Kräften möchte man die lokale Lebensweise und Kultur ins Heute retten und den einheimischen Unternehmern finanzielle Perspektiven bieten für die Herstellung oder den Vertrieb von Waren, die nicht in den Fabriken Chinas oder Indiens gefertigt sind.

Qualität muss ihren Preis haben, darauf besteht Piero. Natürlich weiß er, dass er gegen Windmühlen ankämpft, weil der Billigtourismus das UNESCO-Weltkulturerbe wie ein unersättlicher Krake umschlingt. »Ab und zu bin ich niedergeschlagen, wenn ich sehe, was sich rundum tut. Zuletzt wurde die Fiaschetteria Toscana zugesperrt, eine der ältesten *trattorie*, die wir noch hatten. Eine Burger-King-Filiale ist in die Räumlichkeiten eingezogen.« Er schüttelt den Kopf, lässt die Schultern hängen. Und gibt sich gleich wieder einen Ruck: »Doch ich lasse mich nicht unterkriegen.«

Die Entscheidung gegen die Astronomie und eine Laufbahn außerhalb seiner Heimat hat Piero nicht bereut. Venedig ist für ihn das Modell einer idealen Stadt, wie es Italo Calvino so treffend festgehalten hat, mit einem selbstverständlichen Miteinander: ein schneller *caffè* zwischendurch, ein Glas Wein zum neuesten Tratsch, am besten in einer der Bars in den versteckten Hintergassen, wo man ab und zu noch unter sich ist. Vor allem aber profitiert man von ihrer besonderen Lage: umgeben von Wasser, mit unzähligen Möglichkeiten, sich davonzumachen Richtung Festland, Berge und Meer.

Wenn Piero mit seinem *sàndolo* durch die Lagune gleitet, dann ist seine Welt in Ordnung, zumindest für ein paar Stunden. Und was die Zukunft ihm und Venedig bringen wird? Das steht in den Sternen.

# Heimathafen Harry's Bar

*Enten, Nebel und Liebeshändel: Mr. Hemingway erkundet die Lagune*

Der Held ist müde. Mehrere Kriege liegen hinter ihm, mit Verletzungen und posttraumatischen Neurosen. Schon als Neunzehnjähriger ist er 1918 am Westufer der Piave, eine Autostunde nördlich von Venedig, ins Explosionsfeld einer Mörsergranate geraten. Zweihundert Splitter haben sich in sein Bein gebohrt. Kurz darauf traf ihn die Salve eines Maschinengewehrs und verwundete seinen rechten Fuß und das Kniegelenk. Und trotzdem suchte er weiterhin die Gefahren der Schlachtfelder, warf sich in den Spanischen Bürgerkrieg und begleitete als Reporter 1944 die Invasion der Alliierten und die Befreiung von Paris. Gleichzeitig schrieb er Romane und Short Storys, die zu Welterfolgen avancierten.

Ernest Hemingway steht im Ruf eines Klassikers der Moderne, ein raubeiniger Macho und Vertreter jener Lost Generation, die den Glauben an die Segnungen der westlichen Zivilisation längst verloren hat. Nun nähert sich sein fünfzigster Geburtstag. Kein Grund für Jubel. Der Autor fühlt sich ausgebrannt. Seit dem Triumph seines 1940 erschienenen Buches »Wem die Stunde schlägt« hat er neben Journalistischem nichts Wesentliches veröffentlicht. Er hat zwar einen ersten vagen Plan für einen Roman im Kopf, zweifelt aber daran, ob seine Kraft noch reichen würde, ihn zu realisieren. Auch privat ist er oft gescheitert. Drei Ehen, drei Scheidungen. Inzwischen ist er frisch verheiratet, diesmal mit der Journalistin Mary Welsh, seinem »pocket Rubens«, wie er sie nennt. Doch am Liebeshimmel ziehen Wolken auf. Kann er das überhaupt, mit sich und in der Zweisamkeit glücklich sein? Nicht die leichteste Übung für einen wie ihn. Alkohol tröstet ihn über Ängste, Schmerzen und Depressionen hinweg.

Die Befürchtung, den besten Teil seines Lebens hinter sich zu haben, verstärkt sich, als Hemingway 1948 zu einer Europareise aufbricht, um Mary sein Italien zu zeigen und die Stationen seiner Jugend abzuklappern: Stresa, Como, Cortina d'Ampezzo und vor allem Fossalta di Piave, wo er sich die Kriegsverletzungen zugezogen hat. Er erkennt vieles nicht wieder. Eine Enttäuschung.

Im Herbst steuern die Hemingways Venedig an, wo sie sich länger aufhalten möchten. Sie quartieren sich in einer Suite im Gritti Palace ein, einem Prachtbau aus dem 15. Jahrhundert, einst Sitz des Dogen Andrea Gritti, später die Botschaft des Vatikans und jetzt ein Luxushotel. Riesige Zimmer mit Blick zum Canal Grande, Bäder aus Marmor, das Interieur im historischen Stil. Gut gelegen, nur zehn Minuten vom Markusplatz entfernt, etwas weniger zu Harry's Bar, die der Autor regelmäßig anläuft. Für Amerikaner in Venedig ein Stück Heimat in der Fremde. Der Besitzer des Etablissements, Giuseppe Cipriani, gilt selbst als Sehenswürdigkeit, seine Biografie klingt nach American Dream.

Die legendäre Geschichte beginnt mit einem gewissen Mr. Harry Pickering aus Boston, independently wealthy, wie es scheint. In jenem Sommer 1929 ist er regelmäßig in der Bar des Hotel Europe, gemeinsam mit seiner Tante, deren Gigolo und einem Pekinesen. Eine kuriose, trinkfreudige Truppe. Bis zu jenem Abend, da Mr. Pickering niedergeschlagen durchs Hotel streunt und die Bar meidet. Ob er krank sei oder ob ihm seine Drinks nicht mehr schmeckten, fragt ihn der Barkeeper, Giuseppe Cipriani. Nein, keineswegs, er sei ganz einfach pleite. Und welche Summe würde der Herr nun benötigen, um über die Runden zu kommen? Gut zehntausend Lire sollten es sein, um das Hotel zu bezahlen, die Rechnung in der Bar und die Heimreise. Ein Batzen Geld für einen wie Cipriani, der täglich sechzehn Stunden arbeitet und dafür knapp fünfzig Lire einstreicht. Er kratzt seine Ersparnisse zusammen und bietet dem amerikanischen Gast ein Darlehen an.

Zwei Jahre später kehrt Harry Pickering nach Venedig zurück und drückt seinem Retter fünfzigtausend Lire in die Hand. Die Rückzahlung des Kredits und eine Art Startkapital: Er möge doch selbst ein Lokal aufmachen und es nach ihm Harry's Bar nennen, bittet er. Und so geschieht es. Am 13. Mai 1931 eröffnet Giuseppe Cipriani in einem früheren Warenlager in der Calle Vallaresso eine winzige Bar. Bald schon ist sie Treffpunkt der

Aristokratie, des Jetsets und der Künstler. Der von Cipriani kreierte Bellini, eine Hommage an den Maler, wird zum Kultgetränk: Mus von weißen Pfirsichen mit Prosecco aufgespritzt. Oder auch das *carpaccio*, ein in dünne Scheiben geschnittenes Contrefilet, garniert mit einer Mayonnaise, die mit Worcestersauce, Zitronensaft, etwas Milch, Salz und Pfeffer verfeinert wurde. Seinen Namen verdankt es Vittore Carpaccio und den Rot- und Weißtönen auf dessen Bildern. Giuseppe Cipriani entpuppt sich als gerissener Geschäftsmann und gibt dieses Gen auch an seinen 1932 geborenen Sohn weiter: Er muss Arrigo heißen, also Harry auf Italienisch, wie sonst?

Harry's Bar wird auch für Hemingway zum zweiten Zuhause. Er bechert tüchtig, wie Giuseppe Cipriani beobachtet, und wenn er ordentlich Gin und Whiskey in sich hat, verklärt er vergangene Zeiten: seine Mutproben auf den Schlachtfeldern, die Abenteuer beim Stierkampf und auf der Großwildjagd, seine Ehen und Affären.

Giuseppe Cipriani hört ihm geduldig zu und spürt die innere Leere und Melancholie des gestrandeten Dichters. Er überredet ihn zu einem Ausflug nach Torcello, wo er eine einfache *locanda* mit einigen Zimmern betreibt. Ein gutes Jagdrevier für Enten und Rebhühner, hat er seinem Gast versichert und ihn damit geködert. Eine knappe Stunde dauert die Fahrt durch die Lagune, ehe das Boot vor der Herberge ankert. Hemingway zeigt sich angetan. In der Folge verbringt er mehrere Wochen in der Einsamkeit einer Insel, die sich auf den Winterschlaf vorbereitet. Es gelingt ihm, seine Schreibblockade aufzubrechen und sich in die Idee eines Romans zu vertiefen. »Über den Fluss und in die Wälder«, so der Titel. Was er noch nicht weiß: Das Buch wird seine Gefühle von Liebe und Leidenschaft neu entzünden. Literatur als Jungbrunnen.

Nebel über der Lagune. Der *vaporetto* nimmt in Burano nur zwei Passagiere an Bord. Sein Kiel pflügt sich durchs ruhige Wasser, Ebbe und Flut sind hier kaum wahrzunehmen. Niemandsland zwischen Meer und Terraferma, *laguna morta*. Das Geräusch des Bootes, das Schreien der Möwen. Nichts zu sehen, kein Haus, kein Mensch, nur Schilf und Salzwiesen. Bis ein Turm aus dem Gewölk taucht und sich neben Zypressen in den Himmel streckt. Torcello. Der *vaporetto* legt an, die beiden Besucher springen vom Deck. Kurz darauf ist das Schiff wieder verschwunden.

Stille. Die Fondamenta dei Borgognoni führt landeinwärts. Vertrocknete Brombeeren hängen in den Büschen, die Olivenbäume und Felder sind abgeerntet, ein paar einsame Granatäpfel wiegen sich im Geäst. Die *trattorie* haben Schiefertafeln ausgehängt: *spaghetti vongole, seppie nere con polenta, tiramisù*. Das Touristenmenü. Doch an diesem trüben Novembertag wartet man vergeblich auf Gäste. *Fine stagione*. Die Teufelsbrücke überspannt den Kanal. Der Kirchturm rückt näher, und mit ihm ein paar Häuser, ein kleines Museum und zwei Kirchen. Die kleinere, der Heiligen Fosca geweiht, ist ein einfacher Rundbau, byzantinische Bauweise, kaum geschmückt, fast schon magisch-schlicht. Nebenan, in der Basilica Santa Maria Assunta, glänzen Pomp und Herrlichkeit: ein frühchristlicher Bau, später erweitert, mit prächtigsten Mosaiken an den Wänden und auf dem Boden. Ein in allen Farben glitzerndes Gotteshaus – und darin ein Findling im Ambiente des abgeschiedenen Dorfes. Gut zwanzig Menschen harren heute noch in Torcello aus, während die Engel in der Santa Maria Assunta mit ihren Hörnern und Flöten von goldenen Zeiten singen. Schon die Römer haben hier Villen errichtet, ehe sich die Veneter vor den Ostgoten, Hunnen, Langobarden und anderen brandschatzenden Völkern in die Lagune flüchteten. Von Gondeln, die wie Haustiere an die Häuser gebunden waren, berichtete Cassiodor, Minister des Gotenkönigs Vitigis, 537 nach Christus. »Heidenflechten schützen die lockere Erde vor dem Angriff der Fluten, die Häuser gleichen Nestern von Sumpfvögeln, und die mit Leinen an Land gezogenen Boote scheinen zwischen den Wiesen herumzuziehen.«

Auf Torcello ließen sich wohlhabende Kaufleute und Fischer nieder, die zahlreiche Kirchen und Klöster begründeten. Um 1000 war die Stadt größer und reicher als Venedig. Bis der Aufstieg des Handelsplatzes am Rialto die Blüte Torcellos beendete. Wer etwas auf sich hielt, übersiedelte nach Burano, Murano und Venedig und schleppte alles mit, was an Baumaterial brauchbar war. Die nördliche Lagune versumpfte, Mücken fielen über die Ödnis herein und brachten die Malaria mit.

Als Hemingway im November 1948 hier auftaucht, trifft er auf Fischer und Bauern, die Reben, Oliven und Artischocken kultivieren. Tagsüber streunen Neugierige über die Insel, um die Wiege der Serenissima zu erkunden, bei Einbruch der Dunkelheit wird der Ort zum Geisterdorf. In der *locanda* Cipriani brennt bis in die späte Nacht hinein Licht.

Hemingway schließt sich den Einheimischen an, gemeinsam brechen sie zur Entenjagd auf. In der *locanda* landet die Beute auf Hemingways Teller. Einfache Gerichte ohne Schnörkel, und dazu eine reiche Auswahl an Weinen und Spirituosen. Der bärbeißige Gast vernichtet die Alkoholvorräte. Morgens setzt er sich diszipliniert an den Tisch seiner Kammer und versucht zu schreiben. Er hat den Kirchenvorplatz im Blick. Dort steht jener Stein, der einem Thron ähnelt: König Attilas Stuhl, wie man ihn nennt. Hemingway lacht, als ihm die Geschichte zugetragen wird. »Für uns, die wir die Lagune lieben, macht es ohnehin keinen Unterschied, ob Attila auf ihm gethront hat oder nicht«, schreibt er über Torcello. »Ich bezweifle es ohnehin. Für mich reicht es, dass Cipriani dort gesessen ist. […] Abends, wenn das Holz im Feuer zu Kohle verbrannt ist und du in der *locanda* wach im Bett liegst und die mächtigen Schüsse der Geschoße hörst, die nachts auf die Enten zielen, gehst du zum Fenster und entdeckst durch den mondbeschienenen Nebel den Turm und die Glorie einer Stadt, die durch die Gier Venedigs zum Dorf verkommen ist. Und dann fühlst du dich demütig und stolz.«

Ab und zu schaut Giuseppe Cipriani bei seinem Gast vorbei. Die zwei so unterschiedlichen Männer verbindet eine Freundschaft. Auf einem später aufgenommenen Foto sieht man die beiden im Garten der *locanda* sitzen. Jeder mit einem seltsamen Sombrero auf dem Kopf, vor sich auf dem Tisch eine Batterie leerer Gläser und Espressotassen. »Ich erinnere mich, dass es jedes Mal drei Tage dauerte, bis sich mein Vater von seinem Kater erholt hatte«, so Arrigo Cipriani über derlei Gelage: eine der wenigen Anekdoten, die er je preisgab, obwohl es einen wahren Schatz an denkwürdigen Episoden geben muss.

Als Ernest Hemingway nach Venedig zurückkehrt, wird Harry's Bar wieder zu seiner täglichen Anlaufstelle. Kurz darauf geht er neuerlich auf die Jagd, diesmal in den engen Gassen der Stadt. Eine junge Venezianerin hat seine Lebensgeister geweckt: Adriana Ivancich, eine neunzehnjährige *contessa* aus einer verarmten, ursprünglich aus Dalmatien stammenden Adelsfamilie. »Reines Byzanz«, so Hemingway über ihr Gesicht. Er entflammt für das schüchterne, überaus fromme Mädchen, das malt, schreibt und Gedichte rezitiert. Eine breite Projektionsfläche für Hemingways Fantasien. Mary Welsh beobachtet, wie ihr Mann seiner Gier nach Jugend in die Falle geht. Adriana zeigt ihm all jene Plätze, die ihr am Herzen liegen. Hemingway schleppt sie in Harry's Bar. Seiner Frau versichert er, dass er in der vermeintlichen Nebenbuhlerin die *figlia* sehe, die Tochter, die ihm als Vater dreier Söhne verwehrt geblieben ist.

Adriana verweigert sich dem alternden Casanova. Sie steht kurz davor, in die venezianische Gesellschaft eingeführt zu werden. Baldige Heirat mit reichem Erben erwünscht. Wittert sie, was Hemingway mit ihr vorhat? Als Autor ist er es gewohnt, keine Grenzen zu ziehen zwischen Leben und Kunst. Er spürt, dass in Adriana eben jene Figur steckt, die seinem Manuskript fehlt. Entsprechend braucht er sie noch länger. Als die Hemingways ihre Koffer packen, um den Winter in Cortina d'Ampezzo zu verbringen, hat Adriana eine Einladung in der Tasche, dem Ehepaar nachzureisen.

In den nun folgenden Jahren wird Signorina Ivancich von Hemingway mit Briefen bestürmt. Sie besucht Ernest auf seiner kubanischen Finca – mit dem Einverständnis seiner Gattin, die ihre Emotionen den Bedürfnissen des Genies opfert. Er widmet Adriana den Roman »Über den Fluss und in die Wälder«, der 1950 erscheint. Eine Liebesgeschichte vor dem Hintergrund Venedigs. Torcello und die Lagune, die Leidenschaft des desillusionierten Oberst Cantwell für die neunzehnjährige Contessa Renata, angefacht von der Ahnung seines Todes. Die Spaziergänge über den Rialto-Markt, das Gritti, Giuseppe Cipriani und sein Geschäftssinn: »Eines Tages wird ihm ganz Venedig gehören.« Die Liste ließe sich fortsetzen. Der Künstler als Vampir, der vor Beginn des Anfangskapitels eine Warnung deponiert, um sich vor allfälligen Angriffen davonzustehlen: »Weder sind lebende Menschen noch existierende militärische Einheiten dargestellt.« Wer Hemingway kennt, lächelt. Auch Giuseppe

Cipriani. Er könnte einiges erzählen oder besser: enttarnen. Und schweigt.

Der Roman fällt bei der Kritik durch. Adriana Ivancich schreibt später ein Enthüllungsbuch über ihre platonisch-innige Verbindung mit Hemingway und reklamiert für sich, den Schriftsteller zu seiner Novelle »Der alte Mann und das Meer« inspiriert zu haben, die ihm 1954 den Nobelpreis bescherte.

»[…] die Stunden der Gezeiten wechseln jeden Tag mit dem Mond, und die Stunden bei Harry sind wie der Meridian von Greenwich oder der Pariser Urmeter«, hört man Cantwell sagen. Alles bleibt, wie es ist: eine Hommage an eine Bar, die unsterblich wird. Und mit ihr noch sehr viel mehr.

# Wo der Mythos wohnt

*Wie man mit List und Tücke bis ganz nach oben steigt*

*Tesori.* Schätze. Kostbarkeiten aus dem Besitz der Mogule und Maharadschas. Eine Schau der Sonderklasse im Palazzo Ducale. Knapp dreihundert Schmuckstücke aus dem Besitz von Scheich Hamad bin Abdullah Al Thani, einem Mitglied der königlichen Familie von Katar. Der frühere Jockey und nunmehrige Geschäftsmann hat 2009 mit dem Sammeln von Juwelen und mit Edelsteinen verzierten Kunstgegenständen begonnen und binnen kürzester Zeit eine exquisite Kollektion angehäuft. Darunter das Collier des Maharadscha von Nawangar mit hundertachtzehn Rubinen und siebenhundertneun Diamanten oder auch das sagenumwobene »Idol's Eye«, der größte je geschliffene blaue Diamant, mit märchenhaften siebzig Karat. Preziosen, die Geschichte und Geschichten in sich tragen: Sie erzählen von Liebe und Leidenschaft, von Betrug, Diebstahl und Mord und vom Ursprung und Ende ehedem stolzer Dynastien.

Gibt es ein passenderes Ambiente, um die exquisitesten und schönsten der Al Thani-Geschmeide zu zeigen, als den Dogenpalast? Jenen Prunkbau gleich neben der Basilica di San Marco, deren Gründungslegende auf wackeligen Beinen steht? Und wo Edelsteine, Gemmen und Raubkunst gehortet werden, die den Aufstieg von der Lagunensiedlung zur Seemacht dokumentieren? Scheich Al Thani ist ein selbstbewusster Gentleman. Auf einem Foto, aufgenommen in Dudley House, seiner Londoner Residenz, posiert er vor einem Gemälde des Palazzo Ducale – wohl ein Guardi oder Canaletto. Bei der Vernissage am 8. September 2017 erfüllt sich einer seiner Träume: Osten trifft Westen.

Die Besucher strömen in die Ausstellung, die von Aufsehern und Security-Personal streng bewacht und von modernsten Alarmanlagen gesichert wird. Es ist Mittwoch, der 3. Januar 2018, als gegen zehn Uhr morgens zwei Burschen durch die Säle schlendern und eine der Vitrinen ansteuern. Nun läuft alles blitzschnell und fast filmreif nach Plan: Einer der beiden öffnet den Glasschrank und greift nach Ohrringen und einer Brosche, während ihn der andere deckt. Dann rennen sie davon. Als der Vorfall gemeldet wird, sind die Diebe längst entwischt. Es sei ihnen gelungen, das komplexe Alarmsystem zu deaktivieren, erklärt der Polizeipräsident in der Pressekonferenz und bedauert eine Sicherheitslücke: Die Sirenen haben erst Stunden später aufgeheult. Die Höhe des Schadens wird von den Beamten der Zollbehörde, die die Einfuhr der Kleinodien protokolliert haben, mit dreißigtausend Euro beziffert. Doch der Wert der Preziosen ist viel zu niedrig angegeben, wie man tags darauf kundtut. Er geht in die Millionen. Auch das prägt Italien, und im Speziellen Venedig: Kavaliersdelikte, Gaunereien und Verbrechen pflasterten den Weg nach oben. *Imbroglio* lautet das italienische Wort für Schwindel und Betrug, das leitet sich her vom Broglio, dem Garten vor dem Dogenpalast, wo die Patrizier lustwandelten und dabei Schlachtpläne und Intrigen ausheckten.

Venedigs Glanz verdankt sich nicht zuletzt auch eiskaltem Kalkül. Listige Strategen befördern den fast schon sagenhaften Aufstieg der Stadt, indem sie sich anschicken, mit Rom wettzueifern. Eine Reliquie muss her, so die Taktik. Und am besten eine, die besonders hell leuchtet. Ein Apostel wäre perfekt, oder noch besser: ein Evangelist. Um 820 beginnt man danach zu fahnden und wird in Alexandria fündig. Dort hütet man die Gebeine des Heiligen Markus. Die Idealbesetzung für ein Schauspiel merkwürdiger Art. Venedig beschließt den Raubzug und konstruiert ein – heuchlerisches – Argument für die Fahrt nach Ägypten: Markus, so will es die gut konstruierte, fromme Legende, sei auf einer seiner Missionsreisen bis in die Lagune gekommen und habe auf einer der damals noch sumpfigen, unbewohnten Rialto-Inseln den zukünftigen Lichtstrahl der Serenissima gespürt und vorausgesagt. In Alexandria begründete er die koptische Kirche und wurde von Nichtchristen gekapert, gefesselt und zu Tode geschleift. Mönche bargen seinen toten Leib, der bald schon Gläubige anlockte.

In ihrem Schlepptau die Venezianer. Ob sie die Gebeine käuflich erworben oder einfach gestohlen haben, bleibt ungeklärt, die Translatio wird mit allerlei Geschichten umgarnt. Bis festzustehen scheint, dass man die Überreste des Evangelisten unter Opfern und Mühen vor den Heiden in Sicherheit gebracht und sie in einem Fass mit Schweinespeck versteckt hat, um sie so vor dem Zugriff der Muslime zu bewahren. Es gelingt, die ersehnte Fracht durch Stürme wohlbehalten bis in die Lagune zu verschiffen.

Markus verdrängt den bisherigen, wenig charismatischen Theodor, den auch die Orthodoxen anbeten: ein Symbol für die Ablösung von Byzanz. Venedig lässt dem neuen Patron eine Heimstatt errichten. Die Kapelle neben dem Dogenpalast wird zum Ziel zahlreicher Pilger, sehr zum Leidwesen des Papstes, der die Karriere der Lagunenstadt mit Argusaugen beobachtet. Hundertfünfzig Jahre darauf bricht bei Aufständen ein Brand aus, der das Grab zerstört. Nur die Gebeine werden auf wundersame Weise vor der Feuersbrunst gerettet. Doge Pietro IV. Candiano hat sie, von einer Vorahnung gewarnt, in eine Säule einmauern lassen. Da man den unbeliebten Regenten ermordet, nimmt er sein Geheimnis mit in den Tod. Bis man beim Bau der dritten Markuskirche dank einer göttlichen Fügung auf den Schatz stößt: Der Pfeiler birst und gibt die verloren geglaubten Reliquien frei. Ein Aufschrei der Freude: Inventio gelungen, die anbetungswürdigen Knochen sind wieder da und werden ein weiteres Mal zur Ruhe gebettet. Während die Bischöfe und später Patriarchen im abgelegenen San Pietro di Castello logieren, steigt der Markusdom zum religiösen und auch staatstragenden Zentrum der Stadt auf. Der Doge wird zu dessen Hüter und als solcher mit weitreichenden

Befugnissen ausgestattet. Entsprechend strahlend glänzt fortan sein Stern.

In der nun folgenden Epoche segeln die Flotten unter der Fahne mit dem geflügelten Markuslöwen regelmäßig ostwärts. Kreuzzüge werden zu Beutezügen. Nach der Eroberung Konstantinopels im April 1204 – natürlich »zur höheren Ehre Gottes und der Heiligen Römischen Kirche« – setzt ein vom siegreichen Feldherrn Enrico Dandolo geduldetes, grausames Plündern, Schänden und Morden ein. Als die Ländereien des Byzantinischen Reichs aufgeteilt werden, fallen Venedig die Küste von Epirus bis zum Peloponnes und zudem Inseln wie Kreta, Rhodos und Euböa zu. Man dominiert damit fast den gesamten östlichen Mittelmeerraum. Die Rückkehr in die Heimat gestaltet sich zum Triumphzug, das Löschen der Boote zur hochgemuten Präsentation des Diebesguts: Marmorsäulen und Reliefe, die Quadriga mit den vier Pferden, deren Kopie heute die Loggia des Markusdoms ziert, die Tetrarchengruppe, ein Meisterwerk aus Porphyr, um 300 nach Christus in Ägypten oder Anatolien gefertigt. Dazu Gold und Edelsteine, die in den Schatzkammern von Basilika und Dogenpalast landen, und zusätzliche Reliquien.

Mit der Pracht- geht auch die Machtentfaltung einher. Wo Menschen sich um den knappen Lebensraum balgen, fehlt das, was wir Privatsphäre nennen würden. Entsprechend sucht man, alle Bereiche des gesellschaftlichen Miteinanders zu ordnen und zu überwachen, um Unfrieden und Revolten zu vermeiden. Ein straff geführtes, bis ins Detail durchorganisiertes und effizientes Unternehmen, das sich auf mehrere Herrschaftsformen stützt. Die Befehlsgewalt des Dogen, der in einem komplizierten Prozedere gewählt wird, bleibt durch den Großen und Kleinen Rat stark eingeschränkt. In ihnen sitzen Mitglieder der angesehensten Familien der Händler, Seefahrer, Werftbesitzer und Manufakturisten. Dazu kommen der Senat und diverse Ausschüsse und Organe, in deren Händen die Aufsicht über die Gerichtsbarkeit, die Finanzbehörden und die Legislative liegen. Vorbildlich auch der bürokratische Apparat mit seinen gigantischen Archiven, die nur von den Urkunden- und Dokumentensammlungen des Vatikans übertroffen werden. Siebzig Kilometer Akten.

Ansätze eines modernen Staatsgefüges, das im Laufe der Zeit zu einer Oligarchie der Aristokraten verflacht und gerade einmal zehn Prozent der Bevölkerung in die Abstimmungen involviert. Der Doge gilt als Primus inter Pares, ein mit den höchsten Ehren ausgezeichneter Sklave der Republik, wie es Petrarca definiert: gekleidet in aus goldenen Fäden gewirkte Gewänder, eingeschlossen in ein prächtiges Verlies. Der Palazzo Ducale rühmt sich, der zweite Palast Salomons und Sitz der Gerechtigkeit und Freiheit zu sein. Weltliche und geistliche Befehlsgewalt durchdringen einander, gemeinsam bündelt man seine Kräfte, um merkantile Interessen zu verfolgen. Das Dogma der Kontinuität wird zum politischen Prinzip. »Esto perpetua«, wie es der Theologe und Historiker Paolo Sarpi genannt hat: »Möge Venedig ewig bestehen.« Kriege dienen weniger der Kolonialisierung oder Missionierung, als der Befestigung von Handelsstützpunkten.

Alles dreht sich ums Portefeuille. »*I soldi portano i soldi e i pidocchi i pidocchi.*« – »Geld bringt Geld und Läuse bringen Läuse.« Oder auch: »Ein Mann ohne Geld ist ein wandelnder Leichnam.« Und, noch präziser: »Nicht allein mit der Wahrheit, auch mit Lügen wird man seine Waren los.« Seinen Reichtum zeigt man so unverblümt, dass schließlich Gesetze gegen den Luxus verfügt werden: Im 17. Jahrhundert ist die Zahl auf über achtzig Dekrete angewachsen, in Rom sind es im selben Zeitraum bloß zwei. In der Öffentlichkeit folgt man den Direktiven, doch überall dort, wo man sich unbeobachtet glaubt, prasst man weiter. Venedig bleibt eine Stadt der Masken und Heimlichkeiten, der Spitzel, Kerker und Schleier, der Labyrinthe und Sackgassen.

Der Weg zum Apostelgrab aber führt geradlinig zum Altar der Basilika: Dort wurzelt die Identität der Serenissima. Kirchliche Feiertage werden für die Honoratioren zum Anlass, sich in pompösem Ambiente vor dem Volk aufzubauen. Wenn sich der Doge zu Christi Himmelfahrt auf dem Bucintoro zum Lido rudern lässt, um sich auf seiner goldenen Barke symbolisch mit dem Meer zu vermählen, legt die grandiose Darbietung das Selbstbewusstsein einer kleinen, großen Stadt offen. Sanctus Marcus legitimiert den Herrschaftsanspruch. Venedig schafft seinen eigenen Mythos, assistiert von den arriviertesten Künstlern. Antonio Vivarini huldigt dem Heiligen auf dem Thron, Giovanni Bellini beschwört sein Martyrium, Tintoretto erzählt die Geschichte der Bergung des Leichnams und Vittore Carpaccio bändigt den Furor des Leus. Bis dieser kraftlos vor sich hindämmert und der Niedergang der Repubblica di San Marco nicht mehr aufzuhalten ist.

Napoleon besiegelt das Ende. Er befiehlt, man solle alles einpacken und nach Paris befördern, was ihm von Wert zu sein scheint: darunter zwanzig Gemälde von Tizian, Tintoretto und Veronese und fünfhundert unersetzliche Manuskripte und Bücher. Als seine Soldaten im Jänner 1798 abziehen, verabschieden sie sich mit einem riesigen Feuer und verbrennen den Bucintoro, nicht ohne zuvor die Goldbeschläge abgenommen und eingeschmolzen zu haben.

Die schmerzhafteste Verletzung freilich fügt man Venedig zu, indem man die vier antiken Pferde von der Westfassade des Markusdoms abmontiert und sie zusammen mit der Bronzestatue des vor dem Dogenpalast postierten geflügelten Löwen, die sich Venedig dereinst widerrechtlich einverleibt hat, abtransportiert: eine Demütigung, die Vernichtung jener Symbole, die den Ruhm der Serenissima repräsentieren. Venedig liegt auf dem Boden und wird nach den Friedensverträgen von Campo Formio den Habsburgern zugesprochen. Auch sie sind unbeliebt, wenngleich sie dafür sorgen, dass die Pferde 1815 heimkehren, empfangen von weinenden und jubelnden Menschenmassen. Das Gefühl der völligen Ohnmacht ist aufgehoben, das zumindest.

In ihrem tiefsten Inneren sind die Venezianer bis heute Kaufleute und Händler geblieben, die sich ungern von ihren Ansprüchen und Besitztümern trennen. Umso größer das Geschenk an den Patriarchen von Alexandria anlässlich der Festivitäten zur Gründung der koptischen Kirche vor 1900 Jahren: 1968 wird ein Teil der Markus-Reliquien in dessen Heimat zurückgebracht. Eine versöhnliche Geste und ein spätes Eingeständnis von Schuld.

Die gestohlenen Schmuckstücke aus der Kollektion Al Thani sind nicht wieder aufgetaucht. Sie sind wohl, so vermutet man, irgendwo in einem gut gesicherten Tresor gelagert. Eine Form des Gefängnisses. Und vielleicht die Geburt eines modernen Mythos. An Venedigs Karriere könnte man sich orientieren.

# Höhenflug durch die gläserne Decke

*Marina und Susanna Sent schreiben die Geschichte Muranos um*

Kleine Glaskugeln, dicht aneinandergeschmiegt. Ein Geflecht wie aus Seifenblasen, die im Licht changieren. Und das Schönste daran: Sie zerplatzen nicht. Marina und Susanna Sent legen uns ihre *bolle di sapone* als Geschmeide um den Hals. Damit wir wissen, dass auch so zarte Stoffe, wie es Seifenblasen und Träume sind, nicht unbedingt zerschellen. Sie selbst haben es bewiesen. Die Schwestern haben sich nie entmutigen lassen, sind unerschrocken ihren Leidenschaften gefolgt und gelten heute als äußerst innovative Designerinnen: Ehre und Anerkennung in einer immer noch von Männern dominierten Welt wie Murano.

Marina und Susanna tragen die Liebe zum Glas in den Genen. Schon ihre Großväter galten als talentierte *artisti del vetro*. Umberto Nasons geradlinige, von innen heraus bunt strahlende Schalen und Becher waren begehrte Kunstobjekte, während man Guglielmo Sent für sein Geschick bei der Veredelung rühmte. Ihre Werkstatt war für die Enkelinnen verbotenes Terrain. Mädchen und Frauen hatten dort nichts zu suchen, so das Credo der Signori Nason und Sent, in den dunklen Hallen betrieb man schwere Arbeit, in einer eingeschweißten

Gemeinschaft stählerner Kerle mit kräftigen Lungen.

Marina und Susanna sind inmitten prachtvoller Luster, Flaschen und Flakons aufgewachsen. Kein Familientreffen ohne ausgiebige Diskussionen über aktuelle Muster, Formen und Verfahrensweisen: Alles kreiste ums Glas. Zu sehr, wie die zwei Jüngsten der Runde befanden. Sie entschieden sich für jeweils eigene Wege. Susanna hat Architektur studiert, den Beruf aber nie ausgeübt. Nach dem Diplom zog es sie zurück nach Murano, wo sie etliche Jahre bei ihrem Vater in die Lehre ging. Ähnlich Marina, die eine technische Ausbildung durchlief und schließlich ebenfalls in der Firma landete. Aus einer Laune heraus begannen die beiden, Halsketten, Ohrringe und Armbänder zu entwerfen. Vorerst nur für sich und ihre Freundinnen. »Das war Liebhaberei, nichts Ernstes«, erinnert sich Susanna. »Wir haben einfach einiges ausprobiert und dabei von den Techniken profitiert, die uns mein Vater gezeigt hat.«

Bis der Wunsch, sich endgültig aus der familiären Umarmung zu lösen, so drängend wurde, dass sie sich selbständig machten. Seit 1993 designen sie Schmuck, der in unsere Zeit passt, funktional und mit klaren Formen und ohne den Zierrat und die Dekorationen, die an den klassischen Murano-Bijouterien etwas altmodisch wirken. Die Aufgabenteilung ist klar. Susanna hat den kreativen Part übernommen, Marina den praktischen. Kein Schritt, den sie nicht absprechen, das Zusammenspiel ist eng. »Marina ist meine strengste

Kritikerin. Sie ist diejenige, die meine Höhenflüge steuert«, lacht Susanna. »Ständig erklärt sie mir, dass meine Ideen nicht zu realisieren sind. Während ich mich nicht beirren lasse. Außer wenn sie recht hat.« Die Schwestern grinsen. »Es ist bei uns wie bei einem Auto«, kontert Marina. »Susanna gibt Gas, und ich steige auf die Bremse.« Gemeinsam kommen sie zügig voran, ihre Linie hat Erfolg. Was die zwei mit diebischer Freude erfüllt: Sie haben bewiesen, dass auch Frauen Talent haben für die Beschäftigung mit Glas, und lehnen sich damit gegen Vorurteile auf, die sich in Murano beharrlich gehalten haben.

Als 1204 wilde Horden von Kreuzrittern in Konstantinopel einfielen und die Stadt verwüsteten, flüchteten einige der bewunderten byzantinischen Glasbläser nach Venedig. Mit ihnen startete eine Blütezeit in Sachen Kunstfertigkeit und Ideenreichtum.

Um Brände zu verhindern, übersiedelte man die Werkstätten auf die Insel Murano. Dort sorgte die Signoria dafür, dass die Geheimnisse der Glasherstellung streng gehütet wurden. Gesetze regelten die Erzeugung und den Vertrieb des kostbaren Handelsguts. Es gab Abwerbungsangebote und Bestechungsversuche, um die Rezepturen auf Schleichwegen zu ergattern. Doch den hoch dotierten Künstlern war es bei Todesstrafe verboten, Details der Produktionsprozesse an ausländische Schüler zu verraten. Ob bei Flaschen, Lampen, Fensterscheiben oder Karaffen: Der Begriff Murano wurde zu dem, was man heute Trademark nennt. Wobei besonders Spiegel als Exportschlager reüssierten.

Die Bewohner der Insel trugen den Kopf hoch und präsentierten ihr Vermögen in prächtigen Palästen und Kirchen. Glasbläser schafften es, in Adelskreise aufzusteigen oder einzuheiraten. Den Frauen wurde der Zugang zu den Fabriken verwehrt – mit einer Ausnahme: Marietta Barovier, Tochter aus bestem Haus, sprengte die Fesseln der Konventionen. Mitte des 15. Jahrhunderts kreierte sie die ovale, in kühnen Farben und Mustern leuchtende Chevron-Perle, die Krönung der Schmuckkollektionen.

Obwohl sich auch nördlich der Alpen Glashütten etablierten, galt Murano, wo man das begehrte *vetro cristallo* erfunden hatte, weiterhin als Maß aller Dinge. Bis sich erste Fachleute loseisen ließen, um andernorts ihr Glück zu machen. Böhmen stieg zum hartnäckigen Rivalen auf, Frankreich gelang es, mit großformatigen Spiegeln auf dem Markt zu reüssieren. Damit war das venezianische Monopol endgültig gebrochen. Eine Epoche der Krise setzte ein, die nach dem Ende der Repubblica di San Marco ihren Höhepunkt erreichte. Der Großteil der Bläsereien musste schließen, Murano fiel in Agonie. In jener Zeit bewahrte die Produktion von Perlen die Familien vor bitterer Not. Sie avancierte mehr denn je zum lukrativen Geschäft. Murano-Perlen dienten seit jeher als Zahlungsmittel. Als Europa in den Kolonialismus einstieg, wuchs der Bedarf. In Afrika und Amerika tauschte man Perlen gegen

Öl, Gold, Silber und Sklaven, die muslimische Welt orderte sie für die Gebetsschnüre, die christliche für die Rosenkränze. Die dicken Musterbücher, wie sie in den Schaukästen des Museo del Vetro ausliegen, sind Schätze in Sachen Einfallsreichtum und Breite des Angebots. Was man nicht verschiffte, wurde direkt auf den Straßen verkauft. Dort saßen die *impiraresse*, auf den Knien die Schachteln mit Perlen balancierend, die sie auffädelten und den Touristen anpriesen. Ein Zubrot für Mütter, die auf diese Weise die hungrigen Münder ihrer Kinder stopften.

Der neuerliche Aufschwung setzte erst ein, als sich die venezianische Glasindustrie Mitte des 19. Jahrhunderts Richtung Kunsthandel und Galerien orientierte. Die gefeierten Designer hießen Luigi Seguso, Pietro Tosi oder Antonio Salviati, gefolgt von so prominenten Künstlern wie Carlo Scarpa, Paolo Venini, Umberto Bellotto oder Carlo Moretti. Sie waren auf der Biennale vertreten und in Galerien. Frauen agierten im Hintergrund.

Im Wesentlichen ist dies bis heute so geblieben. Marina und Susanna aber wildern in männlichen Gefilden und schmeißen Klischees über Bord. Und auch die Grenzen zwischen Kunst und Gebrauchsgegenständen empfinden sie als höchst durchlässig. Ihre Ketten und Armbänder präsentieren sich in den Shops berühmter Museen von Mailand, Wien oder New York und auf dem Catwalk italienischer Modeschöpfer. Inzwischen haben die Sents die Kollektion um Vasen, Schalen und Objekte erweitert, die wie Skulpturen im Raum hängen. Das

»Kleid der Penelope« etwa, ein aus hellen Glassteinen fabriziertes Gewand, magisch in der filigranen und zugleich kraftvollen Wirkung.

Alles fließt. Inspirationen schleichen sich langsam an, erzählt Susanna. Glas ist ein Material mit starkem Eigenleben, da ist wenig vorhersehbar. Jeder Entwurf wird zum Kampf mit dem Element, mit Rückschlägen und beglückenden Sprüngen nach vorn. Ihre Arbeiten basieren auf uralten Techniken, wie sie sich über die Jahrhunderte entwickelt haben, darauf bestehen die Schwestern. Und überhaupt: In ihren Ketten oder Kelchen steckt ein Stück von Murano, ob es nun die Bewegungen des Wassers sind oder die Farben der Gewürze vom Rialto-Markt, an die sie erinnern. Das für ihre Kreationen benötigte Glas wird nach genauen Vorgaben speziell für sie beide produziert. In der Werkstatt an der Fondamenta Serenella, die sie von ihrem Großvater übernommen und ausgebaut haben, läuft dann der eigentliche Gestaltungsprozess an. Das Rohmaterial wird verschmolzen, sandgestrahlt, gekerbt oder geschliffen. »Gegensätze faszinieren uns.« Marina und Susanna haben Spaß am Spiel mit der Täuschung, dem Trompe-l'Œil, wie es Giambattista Tiepolo oder Paolo Veronese meisterlich beherrschten. Sie kombinieren Glas mit Polyester, Leder oder Kautschuk, was überraschende Effekte freisetzt. Die Kontraste von hart und geschmeidig werden sichtbar, von dichter Kolorierung und Transparenz. Schmuck für Frauen mit Eigenart und dem Selbstbewusstsein, sich nicht in gängige Rollenbilder zu fügen.

Zuletzt hat Susanna gleich ein ganzes Kostüm ersonnen, für einen Auftritt bei der Versammlung internationaler Glasproduzenten und -künstler. Hose und Oberteil sind aus einer Vielzahl abgerundeter kleiner Glasplättchen gefertigt. Auch da wieder: das Mehrdeutige, wie sie es definiert. Der verletzliche Körper mit der zarten Haut, geschützt von einem fragilen Panzer. Ein Ausloten von Stärke und Schwäche, ein augenzwinkerndes Statement in Sachen Identität. Zuletzt ist noch die Frage offen, was mit den Haaren passieren soll, diesem Symbol der Weiblichkeit? Es darf kein Helm sein, das würde zu kriegerisch aussehen. Strähnen? »Ach, das funktioniert sicher nicht.« Marina bremst den Übermut ihrer Schwester und stachelt sie so nur weiter an. Die ersten Versuche scheitern. Susanna wälzt sich nächtelang im Bett, ihre Gedanken drehen sich im Kreis. Bis eine Lösung gefunden ist.

Bei Details zu ihren Entwürfen bleiben Marina und Susanna zurückhaltend. Murano kämpft mit der Konkurrenz aus dem Osten. Eine erkleckliche Anzahl von Glasgeschäften ist mittlerweile im Besitz von Einwanderern aus Indien oder Korea. Wohlfeile Massenprodukte, schlecht ausgeführt und wenig originär im Design. Wer echte Murano-Ware in seinen Auslagen drapiert, bringt Schilder an: »No pictures, please!« Doch die Bitte verhallt. Alles wird kopiert und verramscht.

Die Schwestern schütteln den Kopf. Es ist fast unmöglich, sich gegen die Spionage zu wappnen. In ihren Läden in Venedig liegt der Schmuck meist in Schubladen versteckt. Doch sobald eine Kette oder ein Armband verkauft ist, gehen Imitatoren an die Arbeit. Die technischen Raffinessen sind eine Hürde für die asiatischen Fabrikanten, und trotzdem: »So schnell können wir gar nicht schauen, und schon sind Teile der Kollektionen in billigen Varianten erhältlich.«

Die Sents blicken gleich wieder nach vorn: Wut und Enttäuschung dürfen sie nicht lähmen, so ihr Vorsatz. In ihrem Showroom herrscht eine entspannte, aufgeräumte Stimmung der Betriebsamkeit. Dass in der angeschlossenen Werkstatt ausschließlich Frauen tätig sind, versteht sich fast schon von selbst. Die temperamentvollen Schwestern setzen auch da Zeichen. Sie schreiben Geschichte, lässig und leichthändig. Ihre Arbeit ist eine Liebeserklärung an Venedig und zugleich ein Höhenflug durch alle gläsernen Decken. Murano sei Dank.

# Zwischen Holz und Leinwand schimmert Tizian-Rot

*Die venezianischen Maler holen die Kunst aus dem Elfenbeinturm*

Die Venezianer lieben Bäume. Die Zitronen- und Olivenbäumchen in ihren winzigen Gärten, die Zypressen, Palmen und Oleander. Sehr viel lieber noch sind ihnen Eichen, Lärchen, Erlen oder Buchen. Und am liebsten gleich hohe Stapel mit schön gewachsenen, dicken Stämmen. Holz bedeutet Reichtum. Je mehr davon, umso besser. Das aufstrebende Venedig von Mittelalter und Renaissance gierte nach Baustoffen. Ganze Landstriche in Istrien und Dalmatien wurden abgeholzt und so in Karstgebiete verwandelt. Vor allem das Cadore galt jahrhundertelang als wichtiger Handelspartner der Venezianer. Am Fuß der Dolomiten wuchsen dichte Wälder die Abhänge hinauf. Dazu kam Eisenerz, das im Val di Zoldo verhüttet und zu Nägeln weiterverarbeitet wurde. Auf der Piave verschiffte man die kostbaren Güter dann Richtung Lagune.

Waldarbeiter, Händler, Flößer: Das ist die Welt, in die Tizian Vecellio hineingeboren wird, in ein Haus im alpinen Stil im Zentrum des Städtchens Pieve di Cadore. Sein Talent fällt der Familie, die von niederem Adel und recht wohlhabend ist, schon im Kindesalter auf. Und da einer seiner Onkel in Venedig lebt, schickt man den Buben zu einem Mosaikmaler in die Lehre: Da ist er gerade einmal neun – oder auch elf. Tizians Geburtsdatum hat sich nie exakt ermitteln lassen.

Schon als junger Mann steht er im Auge des Sturms. Venedig verehrt und fördert seine Maler, man schmückt sich mit ihnen. Entsprechend ambitioniert suchen sich diese der Kommune, dem Klerus und den vermögenden Adeligen und Kaufleuten anzudienen. Tizian gerät zwischen die Fronten und lernt schnell, sich zu behaupten. Er wird Lehrling von Gentile Bellini und dessen Bruder Giovanni, bei denen Vittore Carpaccio in die Schule gegangen ist. Er erlebt die Konkurrenz zwischen den Künstlern und entwickelt sich zu einem ehrgeizigen Karrieristen, der skrupellos seine eigenen Interessen vorantreibt. Neben den Maltechniken der Frührenaissance eignet er sich die Tricks und Kniffe der Intrige an, um in der Gunst der Signoria nach oben zu klettern und Mitbewerber auszustechen.

Er stößt die Bellinis vom Thron und begibt sich in den Wettstreit mit Giorgione, mit dem er ursprünglich Seite an Seite zusammengearbeitet hat. Gemeinsam haben sie den Stil einer *maniera moderna* geprägt, den Weg zu einer in Kolorierung, Struktur und Themen freieren, poetisch aufgeladenen Kunst. Man höre den Puls unter der Haut seiner Figuren, heißt es über Giorgione, dem man eine große Zukunft voraussagt. Als er als nur Dreißigjähriger überraschend an der Pest stirbt und auch

Bellini tot ist, bleibt Tizian ohne nennenswerten Rivalen in Venedig zurück.

Am 19. Mai 1518 wird sein Bildnis von Mariä Himmelfahrt in der Frari-Kirche enthüllt, ein Meilenstein in seiner Karriere. Staunen und Bewunderung schießen ins Unermessliche. Maria bewegt sich mit wehenden Gewändern und erhobenen Armen Richtung Gottvater, verabschiedet von den Aposteln, einer wilden Meute bärtiger Kerle, die ihre Arme leidenschaftlich in die Wolken strecken: ein Novum. Das laute, kühne Gemälde trifft die Venezianer mit ihrer Leidenschaft fürs Theater mitten ins Herz. So viel Drama hat man vorher kaum je gesehen in einer Kirche. Man preist die Vitalität des Entwurfs, die Dynamik der Darstellung und die expressiven Farben, von denen das Tizian-Rot heraussticht. Die »Assunta«, wie man das Werk salopp nennt, ist das riesigste und wohl berühmteste Altarbild der Stadt und katapultiert seinen Schöpfer in die Ränge eines Raffael und Michelangelo. Mit letzterem sieht er sich in einem Zweikampf gegenüber, für manche gilt er als dessen unbestrittener Nachfolger. In Venedig lerne man nicht, was es heiße, wirklich zu zeichnen, wirft ihm der Altmeister vor. Ein schwaches Argument. Der Aufstieg Tizians ist nicht zu bremsen. Die Dogen wollen sich porträtieren lassen, die Adeligen, die Kurtisanen, der Papst.

Tizian wird zum findigen Geschäftsmann, über seine Werkstätten, in denen er ungezählte Helfer beschäftigt, hinaus. In jenen Zeiten, da Venedig eine Insel und noch nicht durch eine Brücke mit dem Festland verbunden ist, müssen die Menschen über den Wasserweg mit den Gütern des täglichen Lebens versorgt werden. Das Cadore, die Heimat der Vecellios, gilt als eines der wichtigsten Rohstofflager der Venezianer: Stein, Holz, Erze und Lebensmittel verhelfen Wald- und Sägewerksbesitzern, aber auch Spediteuren zu Wohlstand. Während gleichzeitig die Zimmerer und Tischler zu gesuchten Handwerkern avancieren, die in den Werften der Serenissima ihr Können zeigen und sich Häuser zulegen, die an die Traditionen ländlicher Bauweisen anknüpfen. So etwa die Werft von San Trovaso: rote Geranien vor dunklen Balken, die Dolomiten grüßen.

Besonders das Dorf Perarolo, wo Piave und Boite ineinanderfließen, gewinnt an Bedeutung. Hier werden Stämme oder Bretter verladen. In Longarone kommen Nägel, Eisen und Kanonenkugeln aus dem Val di Zoldo dazu, in Castellavazzo Steine und auch Holzkohle für die Glasereien von Murano. Sehr oft sind Tiere und Menschen mit an Bord. Je weiter man flussabwärts treibt, umso mehr Güter werden aufgepackt: Schleifsteine, Kupfer, Kupfersulfit für die Maler, Butter und Käse. Es gibt Floße, die bis zu fünfunddreißig Tonnen wiegen, wenn sie Belluno passieren und etwas südlicher in die Sile wechseln. Bei Cavallino wartet man auf die Flut, die die Gefährte bis nach Torcello, Burano und Murano schiebt. Dort verfrachtet man die Waren auf Segelschiffe und bringt sie ins Arsenale oder ins nördliche Cannaregio, wo die Händler aus dem Cadore ihre Filialen unterhalten.

Tizian kennt den Handelsweg von den Dolomiten in die Serenissima: eine der wichtigsten Lebensadern der Stadt. Und da er ein durchtriebener Bursche ist, entwickelt er einen findigen Plan. Seine feinnervigen, psychologisch tiefgründigen Porträts sind inzwischen hochgeschätzt. Dogen, Fürsten und Könige rufen Tizian, um ihren Nachruhm mit Bildern zu sichern, er arbeitet für die Gonzaga, Este und Farnese. Auch die Habsburger stehen ihm regelmäßig Modell und schmücken sich mit den Gemälden. Karl V. verleiht Tizian und seinen Kindern einen Adelstitel, zögert die Bezahlung des noch ausständigen Honorars aber mehrfach hinaus. Doch da hat er wohl nicht mit Tizians Beharrlichkeit in Sachen Geld gerechnet. Er drängt so lange, bis ihm der Kaiser ein Waldstück bei Cortina d'Ampezzo zur persönlichen Nutzung überantwortet. Tizian reibt sich die Hände und stürzt sich ins Geschäft.

Wie viele Pfähle stecken im Grund, wie viele Stämme tragen die Fundamente und Mauern? Die Zahl geht ins Millionenfache. Mehr als hundert Inseln sind es, auf denen die Häuser und Paläste thronen. An deren Ufern, am Rand der Kanäle also, entwickelte man eine Methode, einen Unterbau für die Gebäude zu schaffen. In einem Abstand von etwa fünfzig Zentimetern wurden die Stämme von Eichen, Erlen oder Pappeln durch den Schlamm in den Untergrund gerammt, bis sie auf den *caranto* trafen, eine stabile Schicht von Ton, Mergel, Kiesel und Kies. Auf diese Weise schuf man einen unterirdischen Wald, dessen Zwischenräume mit Lehm und Schlick gefüllt wurden. Auf dieser ersten Ebene, die selbst bei Ebbe vollständig unter Wasser lag, ruhte der aus Lärchenholz gezimmerte *zattaron*, eine Art Ponton, befestigt von einem Fundament aus Ziegelsteinen und abgeschlossen durch einen Sockel aus Kalkstein. Das solcherart entstandene *basamento* reichte bis über den höchsten Flutpegel und erzeugte eine Horizontalsperre, um das Mauerwerk vor der aufsteigenden Feuchtigkeit zu schützen. Von diesem Fundament aus wuchsen Häuser, Kirchen und Türme nach oben, für die man hohle Tonziegel benützte, um das Gewicht der einzelnen Etagen klein zu halten. Zusätzliches Holz benötigte man für Decken, Dachstühle, Verkleidungen und für Möbel.

Die Renaissance bringt Venedig zur Blüte. Die Stadt expandiert, der Bedarf an Baustoffen, die für die Errichtung neuer Paläste und für die Verstärkung der Flotte benötigt werden, vervielfacht sich. Tizian weiß das zu nutzen. In Perarolo am Piave betreibt er ein Sägewerk. Er ist so gar nicht der Typ des ätherischen Genies, das im Elfenbeinturm wohnt. Im Gegenteil. In den Archiven der venezianischen Behörden liegt ein Akt, der Gier und Geiz des Maestros entlarvt: seine Steuererklärung von 1566. In seinem Haus in Pieve di Cadore lebe er selbst, behauptet er darin, seine Weiden habe er mehr schlecht als recht verpachtet, die Kleinhäusler seien ihm den Zins schuldig geblieben. Zudem hätten mehrere Hochwasser sein Sägewerk in Perarolo überflutet und beschädigt, er lukriere also keinerlei Gewinne aus dem Handel mit Holz. Ein Meisterwerk in Sachen Steuerhinterziehung, das Dokument. Und ein Zeugnis dafür, wie breitbeinig und fest die venezianischen Maler, deren Kunst im 16. Jahrhundert zu Weltruf gelangt, auf dem Boden der Realität stehen.

Die Geschäftigkeit der venezianischen Händler färbt auf sie ab. Bilder sind Teil der Repräsentation und darin prächtige Visitenkarten. Nackte Wände? Ein Zeichen der Armut. Selbst die Außenmauern der *palazzi* werden freskiert. Hochkonjunktur für die gut gebuchten Künstler, die sich hier in großer Freiheit entfalten können. Die Serenissima avanciert zum Umschlagplatz für Pigmente, wo sich Flandern und Deutschland mit Farbstoffen eindecken: Hier erwirbt man das beste Auripigment und Realgar für strahlende Gelb- und Orangetöne, dazu Zinnober, Bleiweiß und auch Venezianisch-Rot, hergestellt aus der mit Eisenoxid angereicherten Erde des Veneto. Und der Preis? Spielt keine Rolle. Zumindest für die venezianischen Maler. Für das tiefe Blauviolett etwa, wie es Bellini oder Tizian verwenden, wird Lapislazuli aus dem fernen Osten vermahlen, für das spezielle Grün Malachit. Tizian trägt bis zu vierzig Schichten auf, um Nuancen wiederzugeben, wie man sie vorher kaum je gesehen hat. In einer Stadt, in der die feuchte Lagunenluft die Eitempera angreift, entsteht so eine Ölmalerei mit fantastischen Effekten.

Wo Vivarini und Bellini auf klassisch anmutende Kompositionen vertrauen, setzt Tizian auf eine kraftvolle Dynamik und steigert damit die narrative Dramatik bis ins Grausame hinein. Nach 1560 ereilt ihn eine Reihe von Schicksalsschlägen. Seine Tochter Lavinia stirbt im Kindbett, sein Lieblingssohn und Assistent Orazio an der Pest. Mit dem Dichter Aretino, mit Kaiser Karl V., mit dem ihn ein enges Verhältnis verbunden hat, und dem Bildhauer Jacopo Sansovino verliert er langjährige Freunde. Tizians Bilder werden dunkler und schwermütiger, Flächen und Konturen lösen sich auf, die Leinwand schimmert durch. Eine radikale Wende, einmal mehr, und darin ein Vorbote des Barock.

Schülern und Mitarbeitern, die er in seinen Ateliers beschäftigt, macht er das Leben weiterhin schwer. Sobald er erkennt, dass sie Talent haben, entlässt er sie: Er will Gehilfen und Zudiener und keine Konkurrenten. Kaum einer seiner Lehrlinge schafft den Sprung zur eigenen Karriere. Auch der junge Jacopo Robusti, als Sohn eines Färbers Tintoretto genannt, wird davongejagt: Dessen ungestümen, leidenschaftlichen Bildern mit den eng ineinandergreifenden Figurengruppen kann sein Lehrmeister nichts abgewinnen. Doch gleichzeitig spürt er, dass diese Kunst in die Zukunft weist. Eifersucht packt ihn.

Tintoretto hingegen will Tizian in die Knie zwingen, indem er die Preise drückt und seine Werke entsprechend billiger anbietet. Ein regelrechter Zweikampf entflammt beim Auftrag um die Ausgestaltung der Scuola Grande di San Rocco, dem Zunftgebäude einer der zahlreichen venezianischen Laienbruderschaften. Als man 1564 mehrere Künstler einlädt, ihre Bildentwürfe vorzulegen und sich damit einem Wettbewerb zu stellen, prescht Tintoretto nach vorn und präsentiert gleich ein fertiges Deckenbild: Er würde es den Herren kostenlos überlassen, so sein Vorschlag, wenn er den Zuschlag bekomme. Eine Schlappe für Tizian, und der Beginn einer großen Karriere seines Gegenspielers. Götterdämmerung.

Tiziano Vecellio erliegt 1576 der Pest. Tausende Menschen pilgern seither in die Frari-Kirche, um dort ihre Runden zu ziehen, von der »Assunta« zur Madonna des Hauses Pesaro und zum Ehrenmal für den Schöpfer der Gemälde: ein von zwei Canova-Schülern gestaltetes Grabmonument. Während die bescheiden wirkende *casa*, in der er knapp fünfzig Jahre lebte, fast vergessen ist. Ein unauffälliger roter Bau in einer früher noblen Ecke von Cannaregio unweit den Fondamente Nove. Hier, am Rande der Stadt, hat Tizian Hof gehalten, inmitten seiner prächtigen Kunstsammlung und Bibliothek. Von seinen Fenstern und dem Garten aus hatte Tizian die Berge im Blick. Er hat sie auf die Leinwand gebannt: schrundige Felstürme und zerklüftete Abhänge, wie etwa beim »Tempelgang Mariens«, der in der Accademia hängt. Ein Zeichen von Heimweh? »Wohin gehen wir«, heißt es bei Novalis, »Immer nach Hause.«

# Eine Stadt sticht in See

*Der Architekt als Kapitän: Palazzi und Häuser segeln durch die Zeiten*

Wo, wenn nicht hier? Mitten auf dem Markusplatz, in den Alten Prokuratien, einer der besten Adressen der Stadt. Hier würde er seinen Showroom einrichten und damit zeigen, was Olivetti kann: die Brücke schlagen zwischen dem Gestern und Heute und damit einen Weg ins Morgen weisen. Dafür könnte der Flagship-Store stehen.

Der Mietvertrag ist noch nicht unterzeichnet, da greift Adriano Olivetti zum Telefon. Die Frage, wer das heruntergekommene Geschäftslokal renovieren und auf die Höhe der Zeit bringen wird, ist schnell geklärt. Carlo Scarpa muss es sein, er und kein anderer. Vieles spricht für ihn: ein Venezianer mit Zugang zur lokalen Architekturgeschichte und Vorliebe für traditionelle Baumaterialen und Formen. Und doch radikal in seinem Blick nach vorn, was Adriano Olivetti zu schätzen weiß: »*In me non c'è che futuro.*« In mir ist nichts als Zukunft, so sein Leitsatz. Diesem Motto entsprechend soll sich der Ausstellungsraum präsentieren.

Olivetti hat Mut. Schon als junger Bursche stieg er in die Fußstapfen seines Vaters, ohne seinen eigenen Weg und seine Visionen aus den Augen zu verlieren, als überzeugter Sozialist und Philanthrop, der an einer neuen Unternehmensphilosophie zu bauen versuchte. Gerechte Entlohnung, eine kürzere Arbeitswoche und die Sorge um das Gemeinwohl steuerten das Wachstum seiner Firma. Zugleich war er ein findiger Geschäftsmann, der den Markt der Schreib- und Rechenmaschinen revolutionierte.

In den fünfziger Jahren, da er sich um ein Aushängeschild in Venedig bemüht, steht Adriano Olivetti am Höhepunkt seiner Karriere: Die Anzahl der Beschäftigten ist von viertausend auf vierzigtausend gestiegen, es gibt eine Vielzahl internationaler Geschäftsniederlassungen. Die Reiseschreibmaschine »Lettera 22« wird sogar im New Yorker MOMA als Design-Ikone gefeiert. Olivetti kreiert Prototypen und Vorläufer des Personal Computers und besitzt Kultstatus in Sachen Produktentwicklung, in die Psychologen, Soziologen und Ökonomen eingebunden sind.

Adriano Olivetti ist ein musischer Mensch, der sich gerne mit Künstlern umgibt und als Mäzen auftritt. Dabei hat er Carlo Scarpa kennengelernt, der 1956 den von ihm gestifteten Premio Olivetti per l'Architettura gewonnen hat. Ihn ruft er herbei. Ob er für Olivetti eine Visitenkarte entwerfen wolle, fragt er ihn nun, in einem Lokal mit einer Fläche von hundertfünf Quadratmetern und einem etwas niedrigeren Mezzanin. Das Gebäude ist zwar desolat und feucht von den vielen Schäden durch *acqua alta* und den Kanal am nördlichen Teil des Gebäudes. Aber – und das ist das Atout – gelegen auf der prächtigsten *piazza* aller Kontinente. Carlo Scarpa sagt zu.

Ein schwieriges Unterfangen. Denn wie geht man um mit einem kunsthistorischen Denkmal wie dem Ensemble der Piazza San Marco? Einem Realität gewordenen Traum, hundertfünfundsiebzig mal zweiundachtzig Meter Faszinosum. »Venedig bietet auf dem Markusplatz ein meisterliches Vorbild harmonischer Ausgewogenheit. Unbestreitbar hat hier die Poesie ihre bezauberndsten Manifestationen erfahren«, schwärmte Le Corbusier. »Und jeder der Architekten, die aufeinanderfolgten, hatte Vertrauen in sein eigenes Abenteuer.«

Venedig ist an nichts zu messen. Ungezählte, oft nicht mehr mit Namen bekannte Baumeister haben eine kunstvolle und zugleich künstliche Lebenswelt geschaffen, die von den *muri salati* umschlossen ist, den Mauern aus dem Salzwasser des Meeres, wie man sich rühmte. Adria und Lagune galten als bester Schutz nach außen. Festungen und wehrhaftes Gemäuer, wie sie Siedlungen ähnlicher Größe errichteten, waren nie nötig. Venedig wusste sich auf seine Weise zu verteidigen.

Der typisch venezianisch-byzantinische Stil des Spätmittelalters, die Gotik und die Renaissance, das Barock und der Neoklassizismus: geprägt von Architekten und Künstlern wie Jacopo Sansovino, Andrea Palladio, Vincenzo Scamozzi oder Baldassare Longhena. Nur keine allzu exponierten Experimente – das ist eine der Devisen der Signoria. Das Bewahren wird zur künstlerischen Maxime einer Gemeinschaft, die sich im Musealen sonnt. Die Serenissima als Wunder: Mythos und Attitüde. Staatsgäste werden am Lido abgeholt und mit dem Boot zum Dogenpalast eskortiert. Die Werftanlagen des Arsenale und die Kirchen San Giorgio Maggiore, Santa Maria della Salute und Il Redentore sind ein beeindruckendes Entrée, ehe man die Piazza San Marco bestaunt. Später folgt die Fahrt durch den Canal Grande, wo sich Adel und Kaufmannschaft in Größe und Ausstattung ihrer *palazzi* übertrumpfen.

Bis der Niedergang Stolz und Selbstachtung in die Knie zwingt und die Moderne über die Lagune hereinbricht. Napoleon greift nach 1807 hart durch, um seinem »Venise« die Errungenschaften des fortschrittlichen Gemeinwohls aufzuzwingen. Er lässt Kirchen und Klöster schließen, Hafenanlagen ausbauen und unbewohnte Inseln in militärische Festungen verwandeln. Auf dem Markusplatz entsteht die Ala Napoleonica, die Verbindung zwischen den Alten und den Neuen Prokuratien – und damit der »schönste Salon der Welt«, wie ihn der kleine Kaiser mit großen Worten besingt.

Das 19. Jahrhundert wird zum Zeitalter hochfliegender Fantasien. Techniker überbieten sich mit städtebaulichen Visionen, ohne Rücksicht darauf, Venedigs Identität als Stadt im Wasser zu schützen. Man brauche einen Boulevard vom Festland durch Cannaregio bis hin zur Sacca della Misericordia, mit Gehsteigen, Bäumen und Cafés, fordern sie. Eine zusätzliche Chaussee könne dann über die Giudecca bis nach San Giorgio Maggiore ziehen. Nach der Einweihung der Eisenbahnbrücke im Jänner 1846 verlangt man eine Fortführung der Geleise bis über die Zattere, von wo Besucher auf einer Brücke direkt nach San Marco hinüberspazieren würden.

Die meisten dieser Pläne bleiben in den Schubladen hängen, allein das Zuschütten der Kanäle schreitet zügig voran – gegen besseres Wissen. Die Zirkulation wird unterbrochen, viele der Wasserarme verlieren damit die Kraft zur Selbstreinigung. Die Strada Nova, die Via XXII Marzo, die Calle Gallina: Neue Verkehrsachsen durchschneiden die *città storica*, Ökonomen drängen auf die längst ausständige Industrialisierung, um die Armut zu senken. Die Mühle von Giovanni Stucky, in den achtziger Jahren des 19. Jahrhunderts in Betrieb genommen, wird zum Meilenstein: Neun Stockwerke im Stil der norddeutschen Backsteingotik überragen die Gebäude der Giudecca und recken sich über die Skyline Venedigs hinaus.

Was die Denkmalpfleger auf den Plan ruft und Diskussionen entzündet, wie mit der historischen Bausubstanz zu verfahren sei. Als im Juli 1902 der Campanile von San Marco einstürzt, prallen die Haltungen besonders heftig aufeinander. Otto Wagner meldet sich von Wien aus zu Wort und warnt davor, sich mit einer Reproduktion des Originals der Moderne zu verweigern und damit die Architektur zu verfälschen. Er bleibt nicht der Einzige mit derlei Argumentationen. Doch von solchen Einwürfen will man in Venedig nichts hören: Alles soll so werden, wie es bisher gewesen ist. »*Com'era e dov'era.*« Was auch für weitere Renovierungsarbeiten oder Neubauten gilt, ob sie am Canal Grande stehen, an den Zattere, der

Riva Schiavoni oder auch am Fischmarkt, wo eine Loggia im gotischen Stil entsteht. Man gibt sich venezianischer denn je und schickt sich damit in eine romantisierende Restauration. Das frühere Venedig muss glanzvoll wiederauferstehen. Was verschwunden ist, wird sentimental beschworen: geschlossener, bunter und akkurater als es je vorher war. Fast schon eine Art Potemkin'sches Dorf.

Dagegen wehrt sich Filippo Tommaso Marinetti, Vorsitzender der Futuristen und Freund Mussolinis, in einem absonderlichen Flugblatt, das er vom Uhrturm aus in die Menge wirft: »Wir wollen diese faulige Stadt heilen«, hört man ihn wüten. »Wir wollen die Geburt eines industriellen und militärischen Venedig vorbereiten, das die Adria, dieses großitalienische Binnenmeer, beherrschen kann. Beeilen wir uns, die kleinen, stinkenden Kanäle mit dem Schutt der alten einstürzenden und aussätzigen Paläste zuzuschütten. Verbrennen wir Gondeln, diese Schaukelstühle für Idioten, und errichten wir bis zum Himmel empor die mächtige Geometrie der Metallbrücken und der rauchgekrönten Fabriken […].«

In ein ähnliches Horn, wenn auch mit bescheidener Lautstärke, blasen die Faschisten. Ihre vollmundig verkündeten Konzepte zur Erneuerung versanden. Ihre Eingriffe bleiben eher beschränkt, zum Glück. Nach dem Krieg folgt der nächste Anlauf, sich den städtebaulichen Herausforderungen zu stellen. An Venedig aber scheitern fast alle Architekten, ob sie nun Le Corbusier, Louis I. Kahn oder Frank Lloyd Wright heißen. Ihre Einreichungen bleiben in der Lade. Nur Carlo Scarpa, ein Bewunderer von Lloyd Wright und zudem für die japanische Architektur entflammt, schafft es, seine Visionen zu verwirklichen. Der Showroom für Olivetti wird zu einem Sprungbrett.

Scarpas Entwürfe sind poetische Gebilde. Zu jenem Zeitpunkt, da Adriano Olivetti auf ihn zukommt, ist er ein prominenter und auch umstrittener Architekt. Die Mappe seiner Projekte liest sich wie ein Buch mit Erfolgskapiteln. Doch das täuscht. Ein Gutteil davon konnte nie realisiert werden. Scarpa war ein Außenseiter, zahlreichen Angriffen ausgesetzt, von Selbstzweifeln und Krisen geplagt. 1906 in Venedig geboren, wuchs er in Vicenza auf und kehrte zum Studium an seinen Geburtsort zurück. Die Akademie der Schönen Künste lehnte ihn ab, allein die Kunstgewerbeschule nahm ihn auf. Scarpa schloss dort 1926 mit einem Diplom für Architekturzeichnen ab. Da war er gerade einmal zwanzig. Eine jahrzehntelange Lehrtätigkeit begann, anfangs als Assistent, später als Dozent und Professor. Sein Ansuchen, als Architekt arbeiten zu dürfen, wurde abgelehnt. Die innere Emigration war ein Akt der Selbstverteidigung gegen den Faschismus. Zwischen 1927 und 1947 konnte Scarpa, der in Murano auch für die Glasmanufakturen Cappellin und Venini arbeitete, nur wenige seiner Vorhaben durchsetzen.

Das änderte sich, als 1948 die Biennale di Venezia wiedereröffnet wurde. Scarpas bahnbrechende Konzeptionen für Pavillons und Kunstschauen verschafften ihm Anerkennung. Er plante Geschäfte und Häuser und machte sich mit der sensiblen Renovierung betagter Bauwerke wie dem Canova-Museum in Possagno einen Namen. Der Erfolg hatte auch eine bittere Seite. Er wurde mit Verweisen und gerichtlichen Klagen verfolgt. Er sei Dekorateur und kein Architekt, warf man ihm vor, von seiner Ausbildung her fehle ihm jede Befugnis, sich an Wohnbauten zu wagen. Eigentlich sei er nicht viel mehr als ein Zeichenlehrer. Verletzungen und Verleumdungen, die seinen Ruf beschädigten.

Was Adriano Olivetti nicht weiter stört. Er lässt Scarpa gewähren. Und der präsentiert ihm aufsehenerregende Pläne. Für einen König muss man einen royalen Platz schaffen, so Scarpas Credo, eine Hommage an den Auftraggeber. An der Adresse San Marco 101 vollendet er eine Liebeserklärung an seine Heimat. Schon die Materialien erinnern an die Baustoffe, wie sie Tradition haben: der Boden aus unregelmäßig verlegten, bunten Steinen, eine Referenz an die großen Mosaikmeister aus Byzanz, der Marmor aus dem Triestiner Karst, poliert und auch roh, die Wände mit Paneelen aus venezianischem *stucco* bedeckt. Viel Grau, ein gebrochenes Weiß. Und in der Mitte die Ahnung eines Kanals. Ein Bild für die Tage und Nächte, da San Marco von *acqua alta* überflutet ist – und eine Bühne für die Skulptur der »Nackten in der Sonne« von Alberto Viani, einem Freund Scarpas, Wahlvenezianer. Die Regale aus Rosenholz schweben im Raum und führen ausgewählte Prunkstücke aus der Olivetti-Produktion vor. Während sich der erste Stock wie eine Reling hinauslehnt und über Bullaugen den Blick auf den Platz freigibt. Der Showroom als Flagship: Olivetti setzt die Segel. Scarpas hintersinnige Anspielungen sind auf mehreren Ebenen zu erfahren. Ein Kunstwerk als Statement voller spielerischer Raffinesse: Es gibt ein Venedig von heute, eine Form des Bauens, die in der Geschichte wurzelt und weit über diese hinausreicht.

1997 wird der Ausstellungsraum geschlossen und von einem Souvenirladen übernommen. Da ist Adriano Olivetti längst gestorben und seine Firma in fremde Hände übergegangen. Als man 2011 beschließt, eine Renovierung zu starten und das Lokal in ein Museum zu verwandeln, ist auch Scarpa tot. Die Hymnen seiner Bewunderer hat er in diesem Ausmaß nicht mehr miterlebt: In Verona wurden seine Impulse zur zeitgemäßen Gestaltung des Castelvecchio, in Venedig die Interventionen im Palazzo Querini Stampalia richtungsweisend. Und auch der Friedhof von San Vito d'Altivole, wo Scarpa für das Unternehmerehepaar Brion ein bahnbrechendes Grabmal mit Tempel, Meditationsraum und Wasserläufen entworfen hat, ist Ziel architektonischer Pilgerfahrten durch Venetien. Dort entdeckt man auch jene eigenwillige Steinplatte, die Scarpa zu seinem Andenken entworfen hat. Sein Todestag: 28. November 1978.

Das Wasser leckt über auf das Pflaster der Piazza San Marco, der Scirocco peitscht die Wellen über die Piazza ins Innere der Stadt. Ein nasser Teppich legt sich über den Platz, die Lichter der

Dämmerung spiegeln sich in der glatten Oberfläche. Und mit ihnen die Schichten der Vergangenheit, die wie ein Schemen aufblitzen und sich wieder davonmachen. Nichts ist nur so, wie es scheint. Auch das ist Venedig.

# »Ich habe alles gelebt«

*Nichts zu bereuen: Peggy Guggenheim feiert Kunst und Exzentrik*

»Heavens! What on earth am I going to wear!« Peggy Guggenheim ist verzweifelt: Was soll sie bloß anziehen bei einem Auftritt wie diesem? Die Eröffnung der Biennale ist keine ganz alltägliche Veranstaltung: Faschismus und Krieg haben Künstler in die Emigration oder in den Elfenbeinturm getrieben, sechs Jahre lang wurde die international geachtete Ausstellung ausgesetzt. Doch nun, im Frühling 1948, feiert man das Comeback. Die Teilnehmerliste liest sich wie das Who's who der zuvor verfemten Maler: Otto Dix, Erich Heckel, Max Pechstein oder Oskar Kokoschka.

Die verwaisten Nationen-Pavillons werden renoviert, geputzt und von den Künstlern und Funktionären in Beschlag genommen. Allein die Griechen sagen ab, sie stecken im Bürgerkrieg, ihr schlichter Backsteinbau steht leer. Was das Direktorium auf die Idee bringt, Peggy Guggenheim einzuladen, dort ihre Sammlung zu zeigen. Die Amerikanerin, die in Frankreich und England gelebt hat und sich 1941 vor den Nazis nach New York geflüchtet hatte, ist gerade erst nach good old Europe zurückgekehrt und überlegt, sich für immer in der Serenissima niederzulassen. Das Angebot, sich mithilfe von Pollock, Rothko oder Arshile Gorky ein passendes Entrée zu verschaffen, beglückt und bestürzt sie gleichermaßen. Ihre Bilder und Skulpturen, die in New Yorker Magazinen eingelagert sind, müssen schleunigst nach Venedig verschifft und durch den Zoll gebracht werden. Ob das noch klappt? Als die kostbare Fracht eintrifft, hat sie nur drei Tage Zeit, um den Pavillon zu gestalten. Entsprechend aufgelöst ist sie, als sie sich für die Begegnung mit den Honoratioren zurechtmacht. Was soll sie nur anziehen? Es muss schnell gehen. Also wirft sie sich ein weißes Kleid über, leiht sich von einer Freundin Strümpfe und Strumpfbandhalter, schlüpft in Sandalen und steckt sich überdimensionale Ohrgehänge in der Form von Margeriten an: ihre Art und Weise, den obligatorischen Hut neu zu interpretieren. So würde sie im Blitzlichtgewitter strahlen.

Peggy Guggenheim weiß, was sie ihrem Ruf schuldet. Sie gilt als Femme fatale und Exzentrikerin, die vorzugsweise zwischen ihren Kunstwerken posiert. Ihre Biografie spiegelt eine beeindruckende Emanzipation und zugleich das in allen Farben grell und düster schimmernde Panorama des 20. Jahrhunderts. Peggy tut Venedig gut – und vice versa: frischer Wind für die Lagune, der sich gelegentlich zum Sturm auswächst.

Marguerite »Peggy« Guggenheim wird 1898 in eine wohlhabende New Yorker Industriellenfamilie hineingeboren und durchläuft die Ausbildung der höheren Tochter. Ihr Vater stirbt beim Untergang der »Titanic«, doch ihr Erbe sichert ein jährliches Grundeinkommen. Nach 1921 richtet sie sich in Europa ein, heiratet den Maler und Bildhauer Laurence Vail, wird zweifache Mutter und taucht in die Bohème ab. Nach dem Scheitern ihrer Ehe und mehreren komplizierten Affären beschließt sie, sich auf eigene Beine zu stellen und aus ihrem Vermögen Kapital zu schlagen. »Women's lib. Ich war eine befreite Frau, bevor es die Bezeichnung dafür überhaupt gab«, erklärt sie gegen Ende ihres Lebens voller Selbstbewusstsein.

Ihren Onkel, den berühmten Solomon R. Guggenheim, beobachtet sie aus den Augenwinkeln, wenn er mit praller Geldbörse auf Shoppingtour geht und im großen Stil bei Klee, Chagall und Mondrian einkauft. Kunstwerke anzuhäufen und damit Museen auszustatten ist bei den Reichen der USA gerade sehr en vogue. Die abstrakte Malerei boomt. Ein Statement – und darin fast schon eine Art Visitenkarte: Die fehlende Gegenständlichkeit ist weit entfernt von der (merkantilen) Realität und darin der Gipfel des Ästhetizismus.

Peggy kann mit ihrer wirklich betuchten Verwandtschaft oder auch mit den Whitneys, Vanderbilts oder Rockefellers nicht mithalten: vierhundertfünfzigtausend Dollar stehen ihr jährlich zur Verfügung, was nach heutigem Kurswert der Summe von etwa fünf Millionen Dollar entspricht. Zu wenig, um sich und ihre Kinder standesgemäß zu erhalten und überdies im großen Stil als Mäzenin aufzutreten. Was sie ohnehin nicht anstrebt: Peggy möchte in den Handel einsteigen und die Surrealisten, denen sie sich besonders nahe fühlt, vor den Vorhang holen. Im Jänner 1938 eröffnet sie in London eine Galerie und zeigt Cocteau, Kandinsky, Tanguy oder Brâncuşi. Sehr erfolgreich beim Publikum, doch nicht genügend lukrativ, wie die Neo-Galeristin befindet. Sie schließt die Räumlichkeiten. Fortan stürzt sie sich darauf, ihre eigene Sammlung auszubauen. In den Monaten vor Hitlers Einmarsch in Paris erwirbt sie Arbeiten von Arp, Delaunay, Dalí, Léger – eine Form der Kunstförderung, wie sie behauptet, und zugleich ein gewiefter Schachzug. Die Preise sind im Keller. Im Sommer 1941 wird es für sie als Jüdin in Frankreich zu gefährlich. Gemeinsam mit ihrem Ex-Mann, Sohn Sindbad, Tochter Pegeen und Max Ernst, ihrem neuen Geliebten, flieht sie über Portugal in die USA. Es gelingt ihr, kostbare Bilder und Skulpturen unter dem Titel »Hausrat« nach New York zu transferieren, wo sie eine Galerie anmietet.

Peggy entscheidet, sich diesmal auf lokale Maler zu konzentrieren. Sie vertritt Picasso, Duchamps oder Braque auch weiterhin. Doch gleichzeitig treibt sie sich in den Ateliers von Pollock, Rothko und Calder herum, deren Potenzial sie schnell erkennt. Von Calder ersteht sie ein Bettkopfteil, vor dem sie sich regelmäßig ablichten lässt: eine ihrer zahllosen Attitüden. Peggys Wort hat Gewicht, Art of This Century in der 30 West 57th Street, von Friedrich Kiesler gestaltet, lockt die Avantgarde an. New York aber bleibt nur Station. Nichts in Amerika sei angenehm, so Peggy desillusioniert. »Man hält es hier nur aus, wenn man den ganzen Tag über schuftet und um sechs Uhr nachmittags mit dem Trinken beginnt.« Ihre Ehe mit Max Ernst scheitert, das Heimweh nach Europa quält sie. 1947 schließt sie ihre New Yorker Galerie, die ohnehin keinen Profit abwirft, und kehrt nach Frankreich zurück. Bald schon ist sie enttäuscht. Das Paris der Nachkriegszeit ist nichts als eine schöne leere Hülse, bewohnt von klatschversessenen ausländischen Existenzialisten. Selbst London ist keine Option. Wohin also? Sie reist nach Venedig, das sie von früher kennt. »Man glaubt immer, Venedig sei der ideale Ort für die Flitterwochen. Das ist total falsch«, so Peggy Guggenheim. »In Venedig zu leben oder den Ort zu besuchen bedeutet, sich in die Stadt selbst zu verlieben. Da ist in deinem Herzen kein Platz für jemand anderen.«

Peggy freundet sich mit dem Gedanken an, nach unruhigen Fahrten endlich Anker zu werfen. Sie ahnt, dass sie hier mit ihrer aufregend neuen Sammlung Furore machen würde: Venedig scheint der richtige Hafen für die Primadonna in ihr. Als sie der Anruf der Biennale-Direktion erreicht, triumphiert sie: angekommen!

Ca' Farsetti, April 1894. Eine Pressemeldung aus dem dort untergebrachten Rathaus sorgt für Aufsehen. Man sei von der Überzeugung durchdrungen, so erklärt Bürgermeister Riccardo Selvatico, »dass eben die Kunst eines der wertvollsten Elemente der Zivilisation bildet und sowohl eine vorurteilsfreie Entwicklung des Geistes als auch die brüderliche Vereinigung aller Völker bietet«. In einer Epoche, da sich Europa seiner nationalen Identitäten versichert und die Idee des Volkes und seiner Kultur propagiert, entsteht der Gedanke, sich der Kunst als Mittel der Aufklärung zu bedienen: im Unterschied zu den Salons, Künstlerbünden und royalen Museen, wo sie sich ökonomischen oder machtpolitischen Interessen unterordnet. Ein Park im östlichen Castello soll den Staaten im Zwei-Jahres-Rhythmus die Möglichkeit geben, zeitgenössische Maler und Bildhauer zu präsentieren. 1895 wird ein erstes Ausstellungsgebäude eingeweiht, nach 1907 entstehen die insgesamt neunundzwanzig nationalen Pavillons. Das Modell macht Schule: São Paolo, Sydney, Havanna oder Shanghai profilieren sich später mit ähnlichen Unternehmungen.

Venedig öffnet sich dem Tanz, dem Film, der Musik und der Architektur. Weitere Räumlichkeiten werden bespielt. Seit 1999 ist das ehemalige Werftgelände des Arsenale mit seinen ausladenden Hallen Teil des Konzepts: ein magischer Ort für den Dialog zwischen Gestern und Heute. Er setzt sich inzwischen in den *palazzi*, *scuole* und Kirchen in anderen *sestieri* fort und mischt das museale Ambiente Venedigs kraftvoll auf.

Im Frühjahr 1948 ist Venedig im Aufbruch. Der Faschismus hat eine Wunde geschlagen, die moderne Kunst driftet verloren dahin. Diese Stimmung weiß Peggy Guggenheim zu nutzen, im Hintergrund unterstützt vom amerikanischen Botschafter und der CIA: In jener Phase des Kalten Krieges bemüht man sich, die Vielfalt amerikanischer Kultur herauszustreichen und damit die Europäer für sich zu gewinnen. Peggy residiert im griechischen Pavillon wie eine Diva, gewährt Interviews und hält Hof, während mehrere Lhasa Apsos, tibetanische Klosterhunde, um ihre Füße tollen und mit Eiscreme gefüttert werden. Eine Rolle, in der sie aufgeht: »Ich fühlte mich wie ein neuer europäischer Staat.«

Nun aber gilt es, ein repräsentatives Ambiente für Duchamp, Calder & Co. aufzuspüren, in dem sie längerfristig als Botschafterin residieren würde. Peggy liebäugelt mit einem *palazzo* am Canal Grande. Hier recken sich mehr als zweihundert prächtige Adelspaläste aus Gotik, Renaissance und Klassizismus aus dem Wasser. Einer von ihnen fällt aus dem Rahmen: ein weißes, von dichten Pflanzen überwuchertes, einstöckiges Gebäude am Dorsoduro – ganz offensichtlich unvollendet. Die Dogenfamilie Venier hatte es Mitte des 18. Jahrhunderts planen lassen. Den Herrschaften sei das Geld ausgegangen, munkeln die einen, deshalb seien die Arbeiten nach der Errichtung einer Etage ins Stocken geraten. Von Streitigkeiten mit den Nachbarn erzählen andere: Durch den mächtigen Bau, der hier entstehen sollte, sahen sie die Statik ihrer eigenen Paläste gefährdet.

Wo immer die Wahrheit liegen mag: Der Palazzo Venier dei Leoni ist als Torso ein Unikat und Außenseiter – und der richtige Platz für eine radikale Individualistin wie Peggy Guggenheim. Sie übersiedelt mit ihren Kostbarkeiten an den Canal Grande und bevölkert ihr Haus, das nicht den Bestimmungen des Denkmalschutzes unterliegt und erweitert und verändert werden darf, mit Scharen von Gästen. Als Empfangskomitee im Park fungieren Skulpturen von Hans Arp und Henry Moore, im Vorgarten Richtung *canale* postiert sich »Der Engel der Zitadelle« von Marino Marini fast wie ein Schutzgeist. Ein nackter Reiter mit ausgebreiteten Armen auf einem Pferd. Dessen Phallus ist erigiert – und abnehmbar. Auf dass er an Sonn- und Feiertagen entfernt und danach wieder angeschraubt werden kann: eine Geste des Respekts vor den Nonnen, wenn sie auf den *vaporetti* zur Heiligen Messe unterwegs sind.

Und auch sonst sucht sich Peggy Guggenheim der venezianischen Lebensweise anzupassen: Sie legt sich ein Motorboot zu, das sie regelmäßig zum Schwimmen an die Strände des Lido bringt, lässt eine Gondel fertigen und sich Sandalen anmessen, wie sie ihr auf den Bildern Carpaccios ins Auge gesprungen sind. Sie beschäftigt einen privaten *gondoliere*, der sie täglich durch die Kanäle rudert. »Ich liebe dieses Gleiten über das Wasser so sehr, dass ich mir nichts Schöneres vorstelle, seit ich den Sex aufgegeben habe beziehungsweise der Sex mich aufgegeben hat.« Dabei imaginiert sie das wirkliche Venedig und dessen Geschichte, wie sie schwärmt: die Romanzen und geheimen Fluchten, leidenschaftliche Affären, Ehebruch und Denunziation, unerklärliche Todesfälle, das unablässige Spielen und die Musik.

Venedig wird zur Passion, sie selbst zum Wahrzeichen. Man belächelt sie, wenn sie auf der Piazza San Marco einen ihrer legendären Auftritte inszeniert, eskortiert von mehreren Schoßhündchen: rote Wollstrumpfhosen und rohweiße Lackstiefel zur türkisen Robe, der Nerz über dem Sommerkleid, Sonnenbrillen in Übergröße und monströser Schmuck, von Künstlern speziell für sie designt. Man observiert sie, wenn sie – bevorzugt nackt, versteht sich – auf dem von mehreren Seiten einsehbaren Dach ihres *palazzo* ihre Sonnenbäder nimmt oder Bewunderer empfängt: von geachteten Prominenten bis zu Enfants terribles. Von ihren Festen schwärmt tout le monde.

Eine Rebellin mit dem Charisma eines Stars, von ihrer Familie verspottet, von eifersüchtigen Bekannten ob ihrer Marotten, Abenteuer und Spleens verleumdet und verhöhnt. Eine unermüdliche Jägerin, die sich mit Ankäufen von Francis Bacon, Karel Appel oder Grace Hartigan den jüngsten Entwicklungen nicht verschließt und die Stammeskunst für sich entdeckt. Kurzum: eine Frau mit Eigenart und Charakter. Vor ihrem Tod am 23. Dezember 1979 schließt sie doch noch Frieden mit ihrer Herkunft. Die Guggenheim-Stiftung hat beobachtet, wie Peggys Kunstwerke leihweise von der Tate Gallery zum Louvre und zu anderen prominenten Museen der Welt wandern, und bietet nun an, den Palazzo Venier dei Leoni nach ihrem Tod als Museum weiterzuführen. Eine späte Genugtuung.

»Ich habe alles gelebt«, so betitelte Peggy Guggenheim ihre Autobiografie. Nichts zu bereuen. In ihrem Garten liegt sie direkt neben Sir Herbert, White Angel und Madame Butterfly begraben, und wie sie alle heißen, ihre »beloved babies«, die Hunde. Sie selbst ist längst zur *ultima dogaressa* gekürt, wie sie die Venezianer hochachtungsvoll nennen. Was von ihr zurückbleibt, hat mehr Gewicht als so mancher prunkvolle Sarkophag eines Dogen.

# Risi e bisi, carciofi und pasta e fagioli

*Der Garten der Venezianer: Kulinarische Spurensuche auf Sant'Erasmo*

In Venedig leben? Nein, bloß nicht. Zu anstrengend. Carlo lacht. Zu viele Leute, zu wenig Horizont und Freiheit für einen wie ihn. Carlo Finotello ist Insulaner durch und durch, dazu steht er, und Sant'Erasmo für ihn Heimat und Himmelreich. Hier ist er geboren und aufgewachsen, hier führt er seit 1996 eine *azienda*, die »Sapori di Sant'Erasmo«, gemeinsam mit seinem Bruder Claudio. Ein ziemlich waghalsiges Experiment, wie Freunde und Nachbarn damals befanden: Natürlich, Traditionen sind wichtig, das Erbe der Familie. Aber muss man unbedingt einen Hof übernehmen, der wenig Gewinn abzuwerfen droht, und sich so ins Unglück stürzen?

Auf Sant'Erasmo sind die Menschen sehr verschlossen, erklärt Carlo. In Venedig ist man geübt im Umgang mit Gästen aus aller Welt, doch ein paar Seemeilen weiter östlich wird der Blick eng. Das Gestern überlagert das Heute und Morgen, jede Neuerung wird zur beunruhigenden Herausforderung. Die Finotellos aber ließen sich nicht entmutigen, den Unkenrufen zum Trotz. Schon ihre Vorfahren hatten Äcker und Gärten bestellt. Wieso sollte es also nicht klappen mit einem Gut, auf dem man Gemüse anbaut und zeitgemäß vermarktet? »Ich bin gleich nach dem Militär im Betrieb meines *nonno* eingestiegen«, erzählt Carlo. »Seine Felder sind eine ganze Weile brachgelegen, das hat mich gestört und zugleich gereizt.« Auch sein Bruder Claudio ließ sich begeistern und kehrte nach dem Studium nach Sant'Erasmo zurück.

Die von den beiden begründete »Società Agricola« hat sich längst zum Erfolgsprojekt entwickelt, der Betrieb expandiert laufend. Rund um die *azienda* erstrecken sich anderthalb Hektar Land, zwölf weitere sind über die Insel verstreut und werden unterschiedlich genutzt. Da sollte man das Terrain sehr genau kennen, um die Erträge zu optimieren. Im Norden und Westen dringt Süßwasser in die Lagune ein, da ist der Boden lehmhaltiger und damit ideal für Wein und Artischocken. Im Süden und Südosten, wo die Adria über die Bocca di Lido hereinströmt, ist das Erdreich sandiger, dort gedeihen Karotten, Tomaten, Zucchini und Salate. Die Mischung aus Salz- und Süßwasser und die hohe Dichte an Mineralien sorgt für das besondere Aroma des Gemüses aus Sant'Erasmo: Es schmeckt intensiver, etwas herber vielleicht, aber nie so flau wie die Ernte aus der Massenproduktion. Das Angebot der Finotellos reicht von Kartoffeln, *melanzane*, Zwiebeln, Spinat, Bohnen bis hin zu Kraut und Kürbis und verschiedenen selbst fabrizierten *sughi* und *pesti*. Am begehrtesten ist die als Slow-Food-Produkt gepriesene violette Artischocke. Im Frühling sind ihre zarten Knospen, *castraure* genannt, roh, mit etwas Essig und Olivenöl angemacht eine Delikatesse. Ähnlich gefragt sind die Trauben. Die Rebstöcke wurden dereinst für die Dogen kultiviert, Sorten wie der Raboso, Vermentino und Malvasia erleben gerade eine Renaissance. »Wir kultivieren Wein nur für den Eigenbedarf«, so Carlo und verweist auf die Produzenten in der Umgebung. Am besten, man verkostet die Tropfen gleich im Keller oder schnappt sich eine Flasche für ein Picknick auf einer der Wiesen oder am Südufer der Insel. So man ein Plätzchen findet.

Sant'Erasmo hat einen Sandstrand, den die Venezianer im Sommer in Scharen anlaufen, ausgestattet mit Kühltaschen, Liegestühlen und Ghettoblastern. Wenn die Hitze in den Gassen steht und sich die Touristen gegenseitig auf die Füße treten, flüchten sie ans Wasser und ans Meer. Wer nicht das Glück hat, eine der begehrten Badekabinen am Lido vererbt bekommen zu haben, die von Generation zu Generation weitergereicht werden, der badet in Mazzorbo und Pellestrina oder steuert sein Boot gemächlich zwischen den Sandbänken und Eilanden durch die Lagune. Unter der Woche und in den Herbst- und Wintermonaten rücken die wirklichen Naturliebhaber mit Fernglas und Kamera an. Im Dickicht und Schilf nisten Kormorane, Rohrdommeln, Stockenten und Schwarzhalstaucher, im Schlick tummeln sich Aale, Krebse und Frösche, auf den Salzwiesen wachsen Queller, Salzastern und Strandflieder.

Die Lagune ist eines der vielfältigsten Ökotope Italiens – und gefährdet wie kein zweites. Seit mehr als hundert Jahren verpesten die Fabriken, Raffinerien und Hafenanlagen von Marghera die Luft und entlassen einen Cocktail von Giftstoffen in die Lagune. Chemiker analysierten hundertachtzig Substanzen, darunter Dioxin, Arsen und Quecksilber gemischt mit Blei oder Zink. Inzwischen seien es weniger geworden, wissen Naturschützer, die Wasserqualität habe sich leicht verbessert. Doch ein Teil der Fauna und Flora ist unwiederbringlich zerstört. Und mit ihm ein Gutteil an Perspektiven für jene, die auf Torcello, Burano oder Vignole leben und arbeiten. Auch Sant'Erasmo leidet unter der Landflucht. Die Jungen wandern ab, nur die Alten bleiben.

Der etwas mehr als drei Quadratkilometer große Garten Venedigs ist ziemlich locker bepflanzt. Siebenhundertfünfzig Einwohner, ungezählte Haustiere, ein Hotel, eine *trattoria*, eine Bar. Eine Ansammlung schmuckloser Gebäude rund um die Kirche, einem Bau aus den zwanziger Jahren. Das Kriegerdenkmal, eine Filiale der Banco San Marco, die dreimal wöchentlich besetzt ist, ein kleiner Supermarkt, eine winzige Polizeistation, die Ordination des Arztes, der seine Pflichten etwas lässiger nehmen kann: »*Oggi il medico non viene*«, ein Schmierzettel an der Tür: keine Visiten möglich. Nichts Ungewöhnliches. Im Notfall ruft man die Ambulanz, das Spital von Venedig an den Fondamente Nove ist dreißig Bootsminuten entfernt. Im Hafen ankern ein paar Lastkähne, etliche andere liegen am Ufer der Kanäle. Das eigentliche Fortbewegungsmittel sind Fahrrad und die dreirädrigen *ape*, die gemächlich über die wenigen Straßen und

Wege ziehen. Eilig hat es niemand, Sant'Erasmo gibt ein gemächlicheres Tempo vor als die Nachbarinseln.

Die Ruhe täuscht. Im Winter ist für Carlo und Claudio etwas weniger zu tun als sonst. Solange noch wenig wächst, behelfen sie sich mit Gemüse wie Sellerie, Karden, Kürbis oder roten Rüben, die sie im Herbst eingelagert haben. Ab Ende März startet die neue Saison, mit den Setzlingen und der Aussaat. Von Mai an ist die Ernte in Gang, da ist an Freizeit nicht zu denken. Im Sommer brennt die Sonne oft unerbittlich auf die Felder, nur der Wind sorgt für Abkühlung. Das Wasser für die Gärten schöpft die *azienda* aus artesischen Brunnen. Kanäle dienen als Transportwege und Drainagen. Sobald die Meteorologen *acqua alta* prognostizieren, schließt man die Schleusen. Doch nicht alle Katastrophen konnten verhindert werden. Als am 4. November 1966 der Markusplatz mannshoch überschwemmt war, hieß es auf Sant'Erasmo Land unter. Ein Ereignis, das den Menschen noch in den Knochen steckt. Fürs Erste hofft man nun auf die Maßnahmen für die Piazza San Marco: Die Kanalisation wird trockengelegt und ein hydraulisches System eingebaut, was nicht zuletzt auch den kostbaren Mosaiken in der Basilika zugutekommt. Die Finotellos setzen zudem große Erwartungen in den Erfolg von »MOSE« – und sind damit nicht unter den Kritikern, die das monströse Sperrwerk mit den beweglichen Toren als absolut sinnlose, gigantische Geldvernichtungsanlage beschimpfen.

Von der Adria und der Terraferma dräut Gefahr: Die Bewohner Venedigs wussten das immer schon. Im Mittelalter fürchtete man die Verlandung der Lagune und leitete Brenta, Sile und Piave um. So versuchte man zu verhindern, dass sich die von den Flüssen mitgetragenen Sand- und Geröllmassen vor der Küste ablagerten. Gleichzeitig lebte man seit Menschengedenken mit der Angst vor dem Wasser. Um sich vor den Fluten zu schützen, die über die Bocca di Lido, Malamocco und Chioggia auf San Marco zubrandeten, wurden hölzerne Palisaden positioniert, deren Unterhaltung Unsummen verschlang. Gleichzeitig begann man zentrale Plätze um gut zwanzig Zentimeter höherzulegen. Um 1700 starteten Überlegungen, die Ufer mit steinernen Barrieren zu sichern. In einer finanziellen Kraftanstrengung errichtete man am Lido und in Pellestrina die *murazzi*, monumentale Mauern, vierzehn Meter breit und fast fünf Meter hoch. Doch im Frühling und Herbst, wenn Scirocco, Greco und Levante die Wellen in die *città storica* peitschten, stand Venedig dennoch regelmäßig unter Wasser.

Spätestens nach dem verheerenden *acqua alta* von 1966 galt das Projekt *murazzi* als gescheitert. Wissenschaftler und Biologen warnten damals vor den Auswirkungen von Klimawandel und Umweltverschmutzung durch die Hafen- und Industrieanlagen von Marghera. Die Förderung von Methangas unterspülte den Boden, der sich durch das Abpumpen des Grundwassers weiter senkte, während der Meeresspiegel kontinuierlich anstieg. Zugleich nahm die Erosion gefährlich zu.

Wechselnde Szenarien vom Untergang Venedigs jagten einander. Bis die Ingenieure das Zauberwort MOSE als Rettungsanker in die Diskussionen warfen. London und Rotterdam hatten es vorgemacht, nun konstruierten Techniker ein ambitioniertes Modell für die Lagune. Sobald der Pegel hundertzehn Zentimeter erreicht hat, sollen bewegliche Barrieren hochfahren und die Durchlässe von Lido, Malamocco und Chioggia abriegeln. Ein kompliziertes Verfahren und eine Baustelle, zu deren Spatenstich am 14. März 2003 der damalige Ministerpräsident Silvio Berlusconi anreiste. Er hatte für diese bedeutendste Infrastrukturmaßnahme der Nachkriegsära private Mittel beigesteuert. Nicht ohne Hintergedanken. Eine seiner Firmen saß im Konsortium, das den lukrativen Auftrag einfuhr.

Man dürfe sich eben nicht anmaßen, das Meer zu teilen, das stehe allein Gott zu, ätzen die Gegner angesichts der Pannen, die MOSE verfolgen: ins Astronomische steigende Kosten, Affären um Geldwäsche, Korruption und Betrug, eine endlose Verzögerung der Arbeiten. Die Naturschützer warnen: Werden die Tore zu lange geschlossen, fließen auch die Giftstoffe aus Marghera nicht ab und der ohnehin fragilen Lagune droht der ökologische Kollaps.

Daran mögen die Finotellos nicht denken. Sie sind optimistisch. Eine neu aufgeschüttete Insel in der Bocca di Lido sorgt dafür, dass die Flut nicht mehr ungehindert auf Sant'Erasmo zupprescht und die Südwinde gebremst werden. Und überhaupt: »Wir haben beobachtet, dass sich die Strömungen der Gezeiten verändern, was kein Nachteil ist für uns. Und wenn MOSE irgendwann wirklich funktioniert, könnte das recht nützlich sein.« Der Konjunktiv bleibt.

Vorerst läuft der Alltag weiter wie immer. Wer nicht direkt bei Carlo und Claudio in der *azienda* vorbeikommt und dort einkauft, ordert online. Mittwochs und freitags, wenn die Bestellungen eingetroffen sind, wird die Ware in kompostierbare Tüten verpackt, mit den Namen der Kunden versehen und auf einen Lastkahn verladen. Nun brechen die beiden gen Fondamente Nove, Tre Archi und San Trovaso auf. Carlo und Claudio liefern bis Sant'Elena und zum Lido. An den Stationen der Übergabe warten die treuen Abnehmer. Etliche von ihnen überlassen sich der *sorpresa*: Das sind Tüten zu fünf oder zehn Euro, in denen Überraschungen stecken. Die den Jahreszeiten angepassten Rezepte liefert man mit ins Haus.

Und wer kocht bei den Finotellos? *Le donne*, wer sonst? Für Carlo und Claudio ist die traditionelle Aufteilung klar. Ihre Ehefrauen Stefania und Fiorella und Mutter Silvana hüten die althergebrachte Küche: *risi e bisi*, Reis mit den zarten jungen Erbsen, *risotto* mit Spargel, selbstverständlich *all'onda*, flüssig wie eine Welle, das Meer ist nah. Lieblingsgerichte sind *pasta e fagioli*, Nudeln mit Bohnen, lauwarm serviert und mit einem Schuss Olivenöl verfeinert, oder *fegato alla veneziana*, Kalbsleber, in der Pfanne mit sehr viel Zwiebel geschmort. Und natürlich Fisch: *bigoli in salsa*, eine Pasta mit Sardellensauce, *sarde in saor*, süß-sauer eingelegte Sardinen, Muschelsuppe, Tintenfische mit Polenta oder gedünsteter Aal. Und dazu Gemüse und Salate aus dem eigenen Garten.

Die Brüder bewohnen mit ihren Frauen, Kindern und Eltern drei benachbarte Häuser. Alle packen am Hof mit an, doch ein Stückchen Eigenleben ist wichtig, der eigene Herd, die eigenen vier Wände. Nur im Sommer, in der Hochsaison also, isst man öfter einmal zusammen, weil es schneller gehen muss. »Die Familie ist unsere Basis, ohne sie sind wir verloren.« Und überhaupt: Wegziehen aus Sant'Erasmo, die Wurzeln kappen? Nein. Carlo hat's versucht, aber das war nichts für ihn. Die einzige, die mit der Welt hinter dem Horizont liebäugelt, ist seine Frau Fiorella. Sie ist Dichterin und träumt sich weg.

Carlo holt sie regelmäßig in die Wirklichkeit zurück. Gibt es etwas Schöneres als sich darum zu kümmern, dass gesunde und wohlschmeckende Produkte auf dem Teller landen? Die Bestätigung der Stammkunden ist Ansporn und Lohn. Wenn die letzten Tüten feilgeboten sind, fällt die Anspannung von den Brüdern ab. Die Fahrt durch den Giudecca- und den San-Marco-Kanal, vorbei an der Salute-Kirche, dem Dogenpalast und den Giardini gehört zu den Belohnungen für harte Arbeitstage. Bis die Silhouette der Stadt langsam verschwindet. Der Kahn tuckert auf den von *briccole* begrenzen Wasserstraßen auf Sant'Erasmo zu. Noch ein paar hundert Meter durch den engen Kanal Richtung *azienda*, ehe sie das Boot vor ihren Feldern vertäuen. Endlich wieder daheim. Die Sonne legt sich über den Äckern zur Ruhe. Ein forschender Blick gen Himmel. Kein Regen in Sicht. Bestens. *Melanzane* und *zucchini* müssen dringend aufs Feld, der Salat und Spinat in die Erntekörbe, ehe sich die Schnecken darauf stürzen. Das Programm für morgen. Jetzt noch ein Glas Malvasia. Und dann gute Nacht.

# Schmiegsames Gold, flammendes Metall

*Mariano Fortuny und Henriette Negrin wandern zwischen den Welten*

> »[...] denn alles wird wiederkommen, wie unter den Kuppeln der Markuskirche zu lesen steht und wie es auch jene aus dem Marmor- und Jaspisbecken der byzantinischen Kapitelle trinkenden Vögel verkünden, die das Symbol des Todes zugleich und der Auferstehung sind.«
> 
> MARCEL PROUST

Das also auch noch. Doña Cecilia de Madrazo ist beunruhigt. Über ein Jahrtausend lang hatte der Campanile di San Marco den Zeiten getrotzt. *El parón de casa*, wie ihn die Venezianer in ihrem Dialekt nennen, der Hausherr. Der Glockenturm der Markuskirche ist mit seinen knapp hundert Metern das höchste Gebäude der Stadt, seit jeher Orientierungspunkt in der Lagune und Wahrzeichen: auf unzähligen Bildern von Carpaccio, Guardi oder Canaletto zu sehen und auf den verwackelten Schwarz-Weiß-Fotos der Touristen. Und nun das: Am 14. Juli 1902, gegen neun Uhr fünfundvierzig, stürzt der von Erdbeben und Blitzen gebeutelte Campanile, den man mit der Installation eines Lifts beleidigen will, zusammen. Zurück bleiben

Staubwolken und ein mächtiger Steinhaufen – und eine schutzlos wirkende Basilika.

Doña Cecilia eilt zur Piazza, um die Ruine zu bestaunen. In den Schrecken mischt sich Angst: Und wenn nun dieser Vorfall mehr ist als ein Unglück, mit dem der eine oder andere Statiker ohnehin schon gerechnet hat? Wenn diese Tragödie, bei der – Gott sei Dank – niemand zu Schaden gekommen ist, für ihren Sohn ein schlechtes Omen bedeutet? Für Mariano Fortuny wird dieser 14. Juli 1902 zum Wendepunkt seines Lebens: An jenem Tag bringt er seine Geliebte, Henriette Negrin, nach Venedig, um mit ihr unter einem Dach zu wohnen, gegen den Willen seiner Mutter. Er ist glücklich. Während sich Doña Cecilia in die Idee hineinsteigert, dass der zerstörte Turm ein Symbol sein würde für eine Familie, die fortan in ihren Grundfesten erschüttert wird.

Cecilia de Madrazo ist Kummer gewohnt. Ihre Ehe endete zu früh, als ihr Mann, ein Künstler, in Rom an Malaria starb. Sie übersiedelte mit ihren beiden Kindern nach Paris. 1889 zieht sie nach Venedig weiter: Dort hofft sie, dass ihr zu diesem Zeitpunkt achtzehnjähriger Sohn Mariano das Klima in der Serenissima besser vertragen würde als die Land- und Stadtluft. Er reagiert allergisch auf Pferde und leidet unter Asthma und Heuschnupfen. In Venedig, wo es keinerlei Fuhrwerke und nur wenige Gärten gibt, würde sich seine Gesundheit stabilisieren, so der Wunsch der besorgten Mutter. Sie mietet sich am Canal Grande im Palazzo Martinengo ein, wo sie Gäste empfängt und ihre Kollektion wertvoller, zum Teil sehr alter Stoffe präsentiert: Samt, Brokat, Seide und Taft, in floralen und auch geometrischen Mustern, mit Gold- und Silberfäden verwirkt. Kostbarkeiten aus den mittelalterlichen Manufakturen in Gent oder Venedig, aus Japan und China. Dazu Waffen, Teppiche und Keramik, die Cecilias Vater und Großvater auf ihren Studienreisen erworben haben.

Fruchtbare Quellen der Inspiration für den jungen Mariano. Er entwickelt sich zum Homo universalis, mit Begabungen als Maler, Modeschöpfer und Innenarchitekt, als Ingenieur und Erfinder. Ein überaus raumgreifender Mann. Entsprechend schnell reagiert er auf die Nachricht, dass der Palazzo Pesaro degli Orfei im Sestiere di San Marco zum Verkauf steht. Dereinst im Besitz einer Dogenfamilie, war der riesige gotische Palast am Campo San Beneto ziemlich heruntergekommen: Teile des ehemaligen Prachtbaus wurden als Theater und später als Konzertsaal benutzt. Inzwischen sind die Räumlichkeiten vollends heruntergewirtschaftet.

Fortuny lässt sich davon nicht abschrecken, im Gegenteil: Nach und nach erwirbt er die gesamte Immobilie und richtet dort seine Ateliers ein, mit Weberei und Färberei, mit Raum für Staffeleien und Schreibtische. Während er des Abends weiterhin mit der Mutter am Tisch des Palazzo Martinengo sitzt und seine Tage im Familienkreis beschließt. Venedig entzündet seine Fantasie, hier entsteht das Labor seiner Ideen und Einfälle. Für einen wie ihn, der Oper und Drama liebt, wird die Serenissima zur ihn beseelenden Kulisse: der

Nebel über den Kanälen, die sich im Wasser spiegelnden Gemäuer, die gespenstische Stimmung, wenn die Wellen an den Mauern brechen und der Regen wie ein Schleier vor den Häusern hängt. Die irisierend-gleißende Helligkeit der Sonnenstrahlen, die Dämmerung, die das Gold der Paläste zum Glühen bringt.

Angeregt durch die Leuchtkraft Venedigs und beflügelt von seiner Passion für Richard Wagner konstruiert Fortuny ein Lichtsystem für die Oper, das er zum Patent anmeldet – eines von fünfzig weiteren. Darunter der sogenannte Dom: ein kuppelförmig gewölbtes Zyklorama, das bei entsprechender Beleuchtung die Illusion eines Himmels oder eines ins Unendliche gehenden Raumes erzeugt.

Während er in seinem *palazzo* über der Realisierung seiner Eingebungen brütet, führen ihn Spaziergänge in die Accademia, in die Scuola San Rocco oder in die Kirchen von San Sebastiano oder Madonna dell'Orto. Bei Carpaccio, Veronese und Tintoretto studiert er den Faltenwurf der Gewänder, die Muster der Capes und Mäntel der Kleriker, die Roben der adeligen Damen und Kurtisanen. Er freundet sich mit Gabriele D'Annunzio und Eleonora Duse an, arbeitet als Bühnen- und Kostümbildner und ist als Maler geschätzt, als er 1897 auf Henriette Negrin trifft. Die beiden verbindet die Liebe zu Stoffen, Farben und die Tradition alter Handwerkstechniken. Cecilia de Madrazo beobachtete die Beziehung mit Argusaugen: Henriette ist keine Idealbesetzung für die Rolle der

Schwiegertochter, wie sie befindet. Eine elegante Pariserin, sehr hübsch, aber geschieden. Das passt als Makel nicht ins mütterliche Beuteschema. Doch sie muss den Sohn freigeben. Im Juli 1902 packt er seine Koffer und wohnt fortan mit Henriette Negrin im Palazzo Pesaro degli Orfei, bescheiden und ohne Dienstboten. Und über zwanzig Jahre ohne Trauschein.

Während Mariano Fortuny und Henriette Negrin an den Grundfesten ihres gemeinsamen Lebens bauen, wird der Campanile der Basilica di San Marco neu errichtet, ganz im alten Stil. Wie kann sich ein zeitgenössischer Künstler in einem Ambiente entfalten, das die Gegenwart ignoriert und beharrlich in der gloriosen Vergangenheit ankert? Fortuny versucht eine Gratwanderung zwischen Gestern und Heute und umkreist die Idee des Gesamtkunstwerks für alle Sinne. Henriette Negrin hat sich schon früher mit alten Färbetechniken beschäftigt. Nun taucht sie mit Mariano ins Bedrucken von Seide, Samt und Baumwolle ein. Die Begeisterung für die griechische Antike und die Gewänder, wie sie sich auf Vasen und bei Skulpturen bewundern lassen, mündet in das Design eines Schals, der bis heute als Klassiker der Fortuny-Linie gilt. Knossos, so sein Name, nimmt Motive der minoischen Kultur auf und variiert sie: Landschaften mit Blumen und Pflanzen, Muscheln und Oktopusse, mit einem kleinen Labyrinth und dem Namen Fortuny signiert. Der Erfolg dieses Schals beschleunigt die Kreation weiterer Modelle, die sich der Begegnung mit der kretischen Hochkultur verdanken. Das Modell Delphos sorgt für Furore: ein lose fallendes, in ungezählte unregelmäßige Fältchen gelegtes Seidenkleid, dezent mit Gürteln aus bunten Murano-Perlen versehen. Die Methode des Plissierens, von Henriette erfunden und unter dem Namen ihres Ehemanns 1909 zum Patent angemeldet, bleibt ein streng gehütetes Geheimnis.

Fortuny avanciert zum Liebling international gefeierter Schauspielerinnen und selbstbewusster Frauen mit Geld. Delphos wird auf Ausstellungen gezeigt, gemalt und fotografiert und findet mit Marcel Proust Eingang in die Weltliteratur. Dieser ist 1900 nach Venedig gereist. Mit im Gepäck hat er die »Stones of Venice« von John Ruskin, auf den er gerade erst einen Nachruf verfasst hat, und die Adresse von Cecilia de Madrazo. In ihrem *palazzo* begegnet er Mariano Fortuny und spürt, wie sehr dessen Schaffenskraft in der Geschichte der Serenissima wurzelt. Zugleich erkennt er die revolutionäre Bedeutung der von Mariano und Henriette ersonnenen Kleider. Sie sind ein Statement weiblicher Individualität, jenseits der Mode: keine Korsetts, keine Häkchen und Knöpfchen, keine Mieder, die den Körper einschnüren. Stattdessen fließende Roben mit Bewegungsfreiheit. Ein politisches Statement, abgeschwächt nur durch die Direktiven in Sachen Ästhetik: Man trage diese Kleider ganz ohne Unterwäsche, so die Empfehlung für eine theatralische Inszenierung, damit die edlen Stoffe die Haut umschmeicheln, und vielleicht sogar barfuß. Nur so schützt man sich davor, über die langen Säume zu stolpern. Also nichts für die Straße, kein weithin sichtbares Zeichen des Aufbegehrens. Und damit eine Mode für die Salons und Boudoirs.

Dort treibt sich auch Marcel Proust herum. Fortuny wird der einzige Designer, den er in seiner »Suche nach der verlorenen Zeit« gleich mehrfach auftreten lässt. »Das Kleid von Fortuny, das Albertine an diesem Abend angelegt hatte, kam mir wie ein lockender Schatten jenes unsichtbaren Venedig vor«, liest man in der »Gefangenen«, dem fünften Teil des monumentalen Romanwerks. »Morgenländische Ornamente überzogen es überall – wie Venedig, wie jene gleich Sultaninnen hinter durchbrochenen Steinvorhängen verborgenen Paläste, wie die Einbände der Ambrosianischen Bibliothek, wie die Säulen mit den orientalischen Vögeln, die abwechselnd Tod und Leben symbolisieren und hier unzählige Male auf dem schillernden Gewebe von tiefem Blau wiederkehrten, das unter meinem vorwärtstastenden Blick sich in schmiegsames Gold verwandelte durch eine ähnliche Metamorphose, wie sie vor der vorwärtsgleitenden Gondel flammendes Metall aus der Azurtönung des Canal Grande macht.«

Auch Henriette Negrin gehört zu jener Generation selbstbestimmter Frauen, die sich nicht länger ins Korsett schnüren lassen. Sie ist Fortunys Muse und Vertraute, seine Kritikerin. Er hat sie oft fotografiert und gemalt, nackt und in den von ihnen entworfenen Kleidern oder in sich versunken im Atelier: in einem groben Overall, inmitten von Pinseln und Tiegeln beim Mischen ihrer Farben. Ein zartes Gesicht, von einem dichten Haarkranz umrahmt, feine Hände. Sie können zupacken. Henriette, nach 1924 mit Fortuny verheiratet, ist eine Partnerin auf Augenhöhe, die Erfolge und Alltag mit ihm teilt. Doch sie verschwindet ein Stück weit im Schatten ihres Mannes.

Auf der Höhe ihres Ruhmes beschließen die Fortunys, die Produktion auf die Giudecca zu übersiedeln. Wer auf sich hält und der Bohème nahesteht, richtet seine Häuser mit Möbeln, Teppichen, Wandbespannungen und Lampen made in Venice ein. Eleonora Duse, Sarah Bernhardt, Peggy Guggenheim und Isadora Duncan lieben Fortunys Kleider. Doch nicht jede darf sie tragen. Als Rita Hayworth den Designer bittet, eine Robe für sie zu schneidern, lehnt er ab: Die Filmdiva passt nicht in seine Vorstellung jener subtilen Erotik, die er verfolgt. Er kann diktieren, wen er exklusiv ausstattet und wer keinen Zutritt hat zum Kreis seiner Kundinnen.

Als Fortuny 1949 stirbt, geht sein Erbe auf Henriette über. Sie übergibt das Management an ihre langjährige in den USA tätige Geschäftspartnerin Elsie McNeill und sitzt fortan alleine in ihrem *palazzo*. Von dort aus beobachtet sie mit Genugtuung und zugleich Unmut, wie Givenchy oder Oscar de la Renta von den Textilien und Schnitten aus dem Hause Fortuny inspiriert werden und Ideen stehlen.

Die Delphos-Robe hängt heute in Museen. Wer ein Modell ergattern will, muss es auf Auktionen oder aus privater Hand erwerben, mithilfe stolzer

Geldsummen, versteht sich. Lauren Bacall trug das Kleid 1978 bei der Oscar-Verleihung, Susan Sontag wünschte sich, darin beerdigt zu werden. Fortuny habe sich zu sehr an Idealen aus der Vergangenheit orientiert, sagen seine Kritiker, seine eigene schöpferische Leistung sei nicht wirklich originär. Ein Missverständnis. Niemals habe er eine Neuauflage antiker Vorlagen im Sinn gehabt, rechtfertigte sich der Künstler mehrfach, darauf angesprochen. Im Gegenteil: Sein Ziel sei es, traditionelle Muster und Formen zeitgemäß zu interpretieren. Bloße Nachahmungen seien kalt wie Standbilder aus Marmor, so auch das Credo von Marcel Proust, und davon seien diese Meisterwerke weit entfernt. »So zauberten die Roben von Fortuny«, schwärmt er in »Auf der Suche nach der verlorenen Zeit«, »getreu den alten nachgeahmt und doch überaus eigenwillig, wie eine solche Dekoration, aber sogar noch mit größerer Beschwörungskraft, da eine Dekoration noch mehr Fantasie voraussetzt, jenes ganze vom Orient überflutete Venedig hervor, in dem sie getragen wurden und dessen Sonne mitsamt den beturbanten Gestalten ringsum und der vielfältig gebrochenen, geheimnisvollen unauflöslich zu dieser Stadt gehörigen Farbe sie besser als eine Reliquie im Schrein von San Marco hinaufbeschworen.«

Der *palazzo*, den Henriette Negrin der Kommune überantwortet hat, bewahrt Fortunys Andenken. Wenn sie an das Gebäude denke, schreibt Antonia S. Byatt in »Peacock and Vine«, dann sei sie immer noch trunken vom Aquamarinblau des

Wassers in den Kanälen und von der rätselhaften Dunkelheit des *palazzo*. Die Fabrik auf der Giudecca produziert die berühmten Stoffe nach Originalentwürfen. Allein das Delphos-Kleid darf nicht länger hergestellt werden, so hat es Henriette verfügt. Sie hat das Wissen um die spezielle Technik des Plissierens mit ins Grab genommen. Auch eine Form, sich unsterblich zu machen.

# Fare bella figura auf den Bühnen der Stadt

*Venezianische Anachronismen: Die Schuhmacherin Gabriele Gmeiner*

Schwarz, blau und gelb, matt oder glänzend, flach oder mit kleinem Absatz, jedenfalls aber aus Gummi. Venedig im Herbst und Winter: Ohne Gummistiefel läuft da gar nichts. Öfter denn je flutet das Wasser in die Gassen, inzwischen muss man regelmäßig damit rechnen, durch *acqua alta* zu waten und sein Ziel mit nassen Füßen oder nur über größere Umwege zu erreichen. Mehr als vierhundert Brücken mit ungezählten Treppen soll es in der Serenissima geben, dazu ein labyrinthisches Gewirr an engen Straßen und Durchgängen, unendlich viele *sotoporteghi, rami* und *rughette*. Und kein Bus in der Nähe, kein Auto, kein Fahrrad. Es sei denn, man ist unter zehn und darf sich ein solches Gefährt unter den Po klemmen. *Traghetti* und *vaporetti* verkürzen die Strecken, das Gehen aber gehört zum Alltag wie die Mokassins und Sneaker, solide geschnitten und dick besohlt. Venedig hat nichts übrig für Stilettos und hochhackige Pumps.

Das weiß auch Gabriele Gmeiner. Sie ist Schuhmacherin, eine der wenigen, die es in Venedig noch gibt. Seit 2002 hat sie eine Werkstatt am Campiello del Sol im Herzen des Sestiere di San Polo. Eigentlich sei der Maßschuh, wie sie ihn definiere, nichts für eine Stadt wie Venedig, wo Stiefel und Loafer praktikabler seien, meint Gabriele Gmeiner und lacht: Er passe besser in die Metropolen, zu den Bankern aus Paris, London oder Frankfurt.

Ein stiller Platz nahe dem Fisch- und Gemüsemarkt von Rialto. Einfache Wohnhäuser neben *palazzi* mit gotischen Fenster- und Türwölbungen. Auf der Nordseite ein ebenerdiges Lokal, aus Backsteinen gemauert, die Fenster und die Tür mit grünen Läden versehen. In seinem Inneren zwei Räume, eine niedrige Decke, getragen von alten Balken. An den Wänden hängen Hammer, Zangen und Messer, Raspeln, Spitzknochen und Ahlen. Eine Werkbank, mehrere Tische. In einer Ecke ein Lehnstuhl für Kundinnen und Kunden und die Vitrine mit der Kollektion.

Morgens von neun bis eins und von zwei bis sechs Uhr am Abend sieht man Gabriele Gmeiner in ihrer *bottega* sitzen, hochkonzentriert und in die Arbeit versunken. Ab und zu pocht jemand ans Fenster und winkt ihr zu, Nachbarn oder Bekannte. Man habe sie immer schon interessiert beäugt und dann herzlich aufgenommen, erzählt sie. Das hat ihr schon 1997 sehr behagt, als sie sich erstmals auf Venedig eingelassen hat.

Gabriele Gemeiner ist Vorarlbergerin, 1972 in der Nähe von Bregenz geboren. Mit neunzehn zieht sie nach London, in die Hochburg der Schuhmacher. Dort besucht sie das renommierte Cordwainers College, um danach in verschiedenen Ateliers Praktika zu absolvieren, bei John Lobb in London, dem britischen Hofausstatter, und auch bei Hermès in Paris. Ihre Lehrjahre, die Walz. Sie sieht sich um, und landet schließlich in Venedig, in der Werkstatt von Rolando Segalin, einem Meister seines Faches. Nach ein paar Monaten bricht sie neuerlich auf, diesmal nach Japan, um ein eigenwilliges künstlerisches Projekt zu verwirklichen. Sie bereist die Inseln und lernt dabei die alten Techniken kennen. Eine spannende Gratwanderung zwischen Tradition und Moderne. Man habe sich mit Händen und Füßen verständigt, erinnert sie sich, eine der schönsten Arten, Japan zu erkunden. Aus diesen Erfahrungen entstehen sechs Paar Schuhe, jedes mit einer eigenen Geschichte. Sie werden wie Skulpturen präsentiert, zuerst in Tokio, später in Wien und Venedig.

»Beim ersten Mal war es eine heftige Affäre, doch beim zweiten Anlauf eine Vernunftehe«, so Gabriele Gmeiner, als sie 2002 nach Venedig zurückkehrt. Rolando Segalin hat ihr seine Nachfolge angeboten, gemeinsam mit einem Partner. Doch das geht nicht gut, Gabriele hat ihren eigenen Kopf. Da spielt ihr das Schicksal ein Lokal am Campiello del Sol zu. Es ist fünf Jahre leer gestanden, zuletzt hatte hier ein Weinhändler seine *enoteca* eingerichtet, glücklos. Er ist in den Konkurs geschlittert. Ein schlechtes Omen? An sich ist die Lage ideal. Die Rialto-Brücke ist nicht weit, in ein paar Minuten ist man bei den *Vaporetto*-Stationen von San Silvestro und dem Mercato. Eine der Hauptrouten Richtung Bahnhof zieht ganz in der Nähe vorbei, doch auf dem versteckten Platz ist es ruhig, sonnig und hell. Das ist wichtig. Gabriele Gmeiner entschließt sich, die Räumlichkeiten zu renovieren und in die Selbständigkeit zu springen. *Scarpe su misura*, Maßschuhe. Derby, Oxford, Budapester, made in Venice. Einzelstücke, nach den persönlichen Vorlieben ihrer Klientel gefertigt.

Ihre Kunden kommen fast ausschließlich aus dem Ausland. Franzosen, Engländer oder auch Schweden finden es ziemlich chic, extra zu ihr nach Venedig zu jetten und sich damit vor ihren Freunden zu brüsten. Einer der treuesten Abnehmer hat es noch sehr viel weiter. »Ich nenne ihn meinen Prinzen. Und er ist auch wirklich ein Prinz, in Bahrain, und was für mich noch wichtiger ist: Er liebt Schuhe«, erzählt Gabriele Gmeiner. »Der Prinz ist nicht nur Auftraggeber, er war von Anfang an dabei und agiert fast schon wie ein Mäzen, der mir alle Möglichkeiten offen lässt.« Nur zweimal hat sie ihn persönlich getroffen, geordert wird via E-Mail. Des Prinzen Leisten hängen an der Decke, zusammen mit ungezählten anderen, fein beschriftet und nummeriert.

Schuhmacher hatten im früheren Venedig eine große Zeit. Doch das ist lange her. Das Handwerk von heute trifft in Italien auf einen harten Boden. Nach dem Zweiten Weltkrieg hat der Staat die Industrialisierung des Landes gefördert, zum Leidwesen der kleinen Betriebe. Die Kommune unterstützt Jungunternehmer, das hat auch Gabriele Gmeiner erfahren, die Stadt hat ihr bei der Einrichtung der *bottega* finanziell unter die Arme gegriffen. Aber als sie bat, man möge ihr bei der Ausbildung eines

Lehrlings helfen, lehnte man ab. »Die bieten mir bestenfalls Geld für Maschinen an, aber das möchte ich nicht, ich will Hände.« In der Zwischenzeit wird ihre *bottega* über Venedig und Italien hinaus gerühmt. Gabrieles Postfach quillt über von Briefen und E-Mails, in denen sich Kolleginnen und Kollegen als Mitarbeiter oder Praktikanten bewerben: Venedig ist eine Projektionsfläche für hochfliegende Fantasien. In der Probezeit fallen Träumer oft auf die Nase.

Der Produktionsprozess ist aufwändig bis in die Details. Zuerst wird Maß genommen und der hölzerne Leisten fabriziert, ein vereinfachtes Abbild des Fußes, das die Passform steuert. Dann wird ein Probeschuh angemessen, den die Kunden mindestens zwei Wochen lang tragen. »So sehe ich, wie sich der Fuß verhält. Und entsprechend korrigiere ich den Leisten. Den Probeschuh, für den ich einfaches Leder verwendet habe, werfe ich anschließend weg, er ist nur ein Provisorium.« Nun ist das Original dran.

Natürlich hätten sie ihre Freunde und Nachbarn nach dem Preis gefragt und verwundert den Kopf geschüttelt: zu teuer. Aber unter viertausend Euro kann Gabriele Gmeiner nicht gehen. Bei speziellen Modellen und Ledersorten schnellen die Kosten weiter nach oben. Aber wie auch anders, bei exklusiven Einzelanfertigungen wie diesen? Zwei bis drei Paar schafft sie jeden Monat. Eigentlich sollten es vier sein, meint sie, sonst würde es sich nicht wirklich rechnen. Ihr Anspruch an Qualität aber bremst überzogene Planungen. Mindestens ein halbes Jahr, oft länger, muss man auf seine Bestellung warten. Viele ihrer Kunden sind geduldig. Mit einigen von ihnen verbindet Gabriele Gmeiner eine fast schon freundschaftliche Vertrautheit.

Natürlich gibt es Herren, die ausschließlich zum Klassiker greifen. Frauen sind da innovativer. Einige klopfen mit eigenen Entwürfen bei ihr an, mit Zeichnungen oder Skizzen. Man überlegt miteinander, wie sich solche Modelle realisieren lassen, sucht das Material und die Farbe aus und einigt sich schließlich auf Zeitrahmen und Preis. Gespräche wie diese sind das Fundament für Vertrauen und Freundschaft. Jetzt gilt es, seine Vorfreude zu zügeln, weil es dauert, ehe man diese wirklich individuellen Stücke bestaunen und ausprobieren darf. Doch wer bei Gabriele Gmeiner ordert, lernt den langsamen Gang. Und Touristen, die Venedig im Laufschritt zu erobern suchen, verirren sich ohnehin nur selten zu ihr.

Die *bella figura* – nirgendwo sonst waren Aussehen und schöner Schein von ähnlicher Bedeutung wie in Venedig. Das Sich-Kleiden und Verkleiden, Tragödien und Komödien, der glanzvolle Auftritt auf der Bühne: ob es die Plätze und Gassen waren, die Spazierfahrten in den Booten oder die Bretter, die eine Welt bedeuten. Wo sich die Stadt in ihrem Ruhm sonnte und die Kulisse zur Realität erklärte, waren auch ihre Bewohner besonders zugänglich für jede Form von Vergnügungen und Lustbarkeiten. Bis zu zwanzig Theater- und Opernhäuser hat es früher gegeben, Glanzzeiten für Oper und *commedia dell'arte*, für Claudio Monteverdi und die beiden Carlos, Goldoni und Gozzo, Erzfeinde im Ringen um die Gunst des Publikums.

Die *botteghe*, in denen Kostüme, Masken und Schuhe fabriziert wurden, machten blendende Geschäfte mit der Verherrlichung von Grazie, Liebreiz und Wohlgestalt, mit dem erotischen Geplänkel und dem Spiel mit der Täuschung. Die Venezianerinnen trieben den Kult um die Größe auf die Spitze. Auf ihren *zoccoli*, bis zu fünfundvierzig Zentimeter hohen Stelzen, stöckelten sie durch die Ballsäle, gestützt auf ihre Diener: Riesinnen, die zur Hälfte aus Fleisch und zur Hälfte aus Holz bestünden, wie die Männer lästerten, Kunstfiguren in den Dramen des Lebens.

Auch Gabriele Gmeiner kennt die Theatralik der Serenissima – und hat deren gute Seiten zu schätzen gelernt. »Anfangs konnte ich kein Italienisch, aber das hat sich rasch geändert. Die Venezianer reden ja gern und ausführlich und in allen Tonlagen.« Man ist rasch im Gespräch, auch wenn es oft nur ein oberflächliches Geplänkel ist. Die Gemeinschaft ist hier besonders eng, wie sie meint, man steht freundschaftlich zusammen und verteidigt sein Terrain, das ohnehin laufend von den Zugeständnissen an die Touristen beschnitten wird. Ohne Hilfe von außen hätte sie sich nicht so leicht installieren können, so Gabriele. In der Zwischenzeit ist sie noch elementarer mit Venedig verbunden. Sie hat einen Italiener geheiratet, Sohn Giacomo wurde hier geboren. Er soll zweisprachig aufwachsen, auch wenn das nicht so einfach geht wie erhofft. Ihr Mann ist oft eifersüchtig, wenn er die beiden auf Vorarlberger Deutsch schwatzen und scherzen hört. Also hält man sich ihm zuliebe zurück.

Die Familie reist aber ein bis zwei Mal im Jahr nach Österreich, Giacomo muss Berge und Wälder kennenlernen, die Natur und den weiten Horizont, wie ihn seine Mutter in Venedig manchmal vermisst, wenn ihr die hohen Häuser die Aussicht verstellen. Den Juli verbringt Gabriele Gmeiner ohnehin in Salzburg: 2012 hat man sie ins Team der Salzburger Festspiele berufen. Dort leitet sie eine der Werkstätten und stellt Schuhe für jene Produktionen her, die einen historischen Hintergrund haben. »Da gilt es, schnell zu sein«, erklärt sie, »da wird etliches geklebt und nicht genäht. Aber maßgefertigt sind diese Schuhe natürlich trotzdem.«

Eine Arbeit, die ihr Freude macht und an die glücklichen Tage der Serenissima erinnert, mit den Maskenbällen und Scharaden. Ein Stück Welt aber auch, das Gabriele Gmeiners Blick öffnet und sie inspiriert nach Hause zurückkehren lässt. Venedig sei eine mittelalterliche Stadt mit überschaubaren Strukturen geblieben, sagt sie. Alles ist eng, kleinräumig, da läuft man sich regelmäßig über den Weg. Der Lebensrhythmus entspricht ihr. An einem Ort wie diesem, in dem man nicht mit dem Auto aneinander vorbeirasen kann, nimmt man sein Gegenüber viel intensiver wahr. Der Schritt verlangsamt sich, das Auge kommt zur Ruhe. »Und das gefällt mir: ein bisschen aus der Zeit zu fallen.«

Aus der Zeit und aus dem Rahmen. Gabriele Gmeiner hat ihren Platz gefunden.

# Wenn Steine sprechen

*Luigi Nono, der prete rosso und die Klänge von Marmor und Meer*

> »Tatsächlich ähnelt die ganze Stadt, besonders bei Nacht, einem riesigen Orchester, mit trüb erleuchteten Palazzi als Notenständer, mit einem unermüdlichen Chor von Wellen, mit dem Falsett eines Sterns am Winterhimmel. Die Musik ist natürlich größer als die Kapelle, die aufspielt, und keine Hand kann umblättern.«
>
> Joseph Brodsky

Skandal im Teatro La Fenice. Schon Tage vor der Uraufführung von Luigi Nonos »Intolleranza« gibt es Gerüchte. Ganz ohne Proteste würde die Vorstellung nicht ablaufen, heißt es, dafür sei das Stück zu aggressiv in der politischen Anklage. Musikalisch, na ja, da befinde es sich ohnehin jenseits des guten Geschmacks. Und überhaupt: Nono ist ein Kommunist, der gegen Faschismus, Kolonialismus und Ausbeutung auf die Barrikaden steigt und den Widerstand befiehlt. Und nun soll man einen wie ihn im ehrwürdigen Fenice feiern?

Viele schütteln den Kopf und sehen dem 13. April 1961 bangen Herzens und doch auch sensationslüstern entgegen. Die neofaschistische Zeitung *Il Borghese* ist im Vorfeld mit Hetzparolen gegen die

Biennale-Leitung aufgetreten, die Nono den Auftrag zu »Intolleranza« erteilt hat. Es ist also nicht zu verhindern, dass sich bei der Premiere Anhänger fanatischer Gruppierungen unter die Besucher mischen. Dementsprechend zahlreiche Wachebeamte stehen bereit, als das Theater seine Tore öffnet. Mit den ersten Akkorden beginnt der Tumult. Mitglieder der Ordine Nuovo, einer rechtsradikalen Terrorgruppe, werfen Stinkbomben Richtung Bühne und machen sich durch grelle Pfiffe bemerkbar, um sich so gegen den Komponisten und sein Vorhaben aufzulehnen.

»Eine Geschichte unserer Zeit« hat Luigi Nono seine *azione scenica* genannt. Im Porträt eines Gastarbeiters stecken Themen wie Rassismus, der algerische Befreiungskrieg, Folter, Denunziation und Haft und die Ära von Mussolini und Hitler, die noch längst nicht bewältigt ist: eine Kampfansage an die Ultra-Rechten. »*Viva la polizia!*«, grölen sie in jener Szene, in der die Hauptfigur gefoltert wird. Entsetzen auf den Gesichtern der Nono-Fans, hämisches Gejohle unter den Parteigängern der Störenfriede. Würde man den Abend abbrechen müssen? Die Stimmung heizt sich weiter auf. Das Ensemble singt und spielt gegen den Lärm an und gibt nicht auf, bis zum letzten Ton. Als hitzige Buhrufe und Pfiffe in den Applaus einfallen, stürmen zweihundert Komparsen vor den Vorhang. Sie schnappen sich Luigi Nono und den Dirigenten Bruno Maderna und tragen die beiden auf ihren Schultern zur Rampe. Und wieder geht ein Jubeln und Schreien durch die Menge. Eine unvergessliche Darbietung, in der Mischung aus furchterregendem Chaos und ausgelassenem Volksfest.

Für Luigi Nono bedeutet dieser 13. April 1961 eine doppelte Premiere: Mit »Intolleranza« erlebt er seine erste Uraufführung in Italien und kehrt damit heim nach Venedig. Eine Ehre, sich im Fenice präsentieren zu dürfen. Doch selbst die Kritik bleibt geteilter Meinung über sein jüngstes Werk. Das schmerzt. Zugleich aber erfährt er, dass seine Musik niemanden kalt lässt: Kann sich ein Künstler, der sich selbst als Unruhestifter definiert, mehr wünschen?

Luigi Nono gehört heute zu den bahnbrechendsten Komponisten der zweiten Hälfte des 20. Jahrhunderts. »Intolleranza« wurde zu einem der Meilensteine in der Musikgeschichte. Venedig ist stolz auf seinen berühmten Sohn, den man mittlerweile innig in die Arme geschlossen hat. Ein später Triumph, lange nach seinem Tod.

Luigi Nono wird 1924 in eine musische Familie hineingeboren. Sein Großvater war Maler, dessen Bruder Bildhauer. Beethoven, Mussorgski, Wagner oder Mahler sind die Klänge seiner Kindheit, die Eltern dilettieren am Flügel. In der väterlichen Bibliothek reist Luigi mit Pavese und Rilke, den amerikanischen Klassikern und russischen Erzählern in ferne Landstriche. Ein reicher ästhetischer Kosmos, aus dem Nono später schöpft. Als Gymnasiast erhält er Klavierunterricht und wird 1941 Schüler von Gian Francesco Malipiero. Mit ihm studiert er Johannes Ockeghem, Josquin Desprez, Orlando di Lasso und Claudio Monteverdi und vertieft sich in die Techniken des Madrigals und der typisch venezianischen Mehrchörigkeit, wie sie in Renaissance und Frühbarock bei Andrea und Giovanni Gabrieli eine Blüte erfahren haben.

Während sich für ihn ein strahlend heller musikalischer Horizont auftut, wird die Stimmung in Italien düster. Nono gilt als untauglich und wird nicht zum Militär eingezogen, doch der Aufstieg des Duce und die fatalen Veränderungen der Gesellschaft prägen seine Jugend. Fortan, so seine Entscheidung, will er mithelfen, an einer besseren Welt zu bauen. Zuerst aber gehorcht er den väterlichen Direktiven und schließt sein Jurastudium ab. Eine Pflichtübung.

Inzwischen hat er sich mit dem Komponisten und Dirigenten Bruno Maderna angefreundet, ein Venezianer auch er. Als Schüler des Dirigenten Hermann Scherchen, einem der Geburtshelfer der Neuen Musik, gewinnt Nono in den fünfziger Jahren einen umfassenderen Zugang zu Schönberg, Webern, Berg und Bartók, kommt mit Stockhausen, Henze und Boulez in Kontakt und begeistert sich für Gedichte von García Lorca, Pavese, Neruda und Majakowski. Bei der szenischen Uraufführung von Arnold Schönbergs unvollendet gebliebener Oper »Moses und Aron« in Hamburg trifft er im März 1954 auf dessen Tochter Nuria, die in den USA lebt. Eine schicksalhafte Begegnung: Nono verehrt Schönberg und hat 1950 mit seinen »Variazioni canoniche sulla serie dell'op. 41 di Arnold Schoenberg« debütiert: eine Hommage an den von ihm hochgeschätzten Meister. Über Monate hinweg gehen Briefe und Karten zwischen Venedig und Los Angeles hin und her, darunter die Noten des »Liebeslieds für Chor und Instrumente«. Im Sommer 1955 folgt die Heirat. Seine Frau werde sich der Musik und seinem Auftrag unterordnen müssen, verkündet der frischgebackene Ehemann. Eine Drohung? Eine Ahnung.

Nuria, durch ihren Vater an Exzentrik gewöhnt, fügt sich in die ihr zugedachte Rolle. Sie begleitet Nono durch jene bewegten Zeiten, in denen er sein künstlerisches und politisches Selbstverständnis entwickelt. Er ist ein zutiefst moralischer Charakter, seit 1952 Mitglied der kommunistischen Partei und als solches von den Möglichkeiten der Emanzipation des Individuums überzeugt. Und so stellt er seine eigenen Begabungen in den Dienst seiner humanistischen Mission. »Intolleranza« gilt als Wendepunkt seines Schaffens: Nono wütet gegen die statisch-theologische Konzeption der traditionellen Oper, die nichts ist als »ein einziger optischer Brennpunkt; eine einzige Klangquelle; ein liturgisches Verhältnis zwischen Publikum und Bühne, das Ganze in starrer Weise bestimmt, beinah wie Newtons ›Himmelsmechanik‹«. Er selbst verabscheut derlei weihevolle Veranstaltungen und verwirklicht seine Idee von einem musikalischen Theaterstück mithilfe etlicher über den Saal verstreuter Klangstationen und einer Fülle dramatischer Aktivitäten, die alle Sinne attackieren. Entsprechend emotional – ob geschockt oder zustimmend – soll das Publikum reagieren.

»Intolleranza« wird zur Provokation. Dass die

Stammklientel des Fenice nicht viel hält von Atonalität, Zwölftontechnik und Serialismus, das weiß Nono. Doch dass man ihm in Italien so scharfkantige Steine in den Weg legen und die Neofaschisten auf ihn hetzen würde, ist schwer zu verkraften. Nach diesen Aufregungen zieht er sich in seine Wohnung auf der Giudecca zurück. In Venedig ankert er, das spürt er, hier findet er Inspiration und Ruhe. Die Erinnerungen an die Gespräche mit Werftarbeitern treiben ihn ebenso ans Klavier wie die vom Nebel verschluckten Alltagsgeräusche oder das Glockengeläut. Wenn sie die Stunden schlagen oder zur Messe rufen, »legen sich der Nachhall und die Echos darüber, so dass man nicht mehr erkennt, von welcher Glocke der erste Klang kam, wie und wo sich die Wechselwirkungen zwischen den Klängen durch die Spiegelung auf der Wasseroberfläche in alle Richtungen verdichten«.

Nonos Venedig ist ein »akustisches Multiversum«, das stark verfremdet, verzerrt und verschleiert in seine Partituren eingeht. Auf der anderen Seite des Giudecca-Kanals liegen die Zattere, wo er aufgewachsen ist, die Salute-Kirche, San Marco und die Riva degli Schiavoni mit ihren Palästen. Weit weg. Nono hält Abstand zu einer Stadt, die sich der Moderne verweigert. Er verachtet die dort agierenden »Möchtegern-Künstler«, wie er sie nennt, und den wachsenden Kult um Antonio Vivaldi und die seichte Inszenierung von dessen Musik. Bloßer Konsum, wie er lakonisch festhält, nichts als falsche Idyllen und romantisch-sentimentale, historisch falsche Beschwörungen früherer Epochen. Ein Verrat am *prete rosso*, dem Priester mit dem feuerroten Haar.

Sie warten auf den Plätzen, in pseudo-barocke Kostüme gekleidet, mit Perücken, weißen Kniestrümpfen und Schnallenschuhen, und preisen ihre Waren an: die Konzerte von Ensembles wie den Interpreti Veneziani, den Musici Veneziani oder dem Collegium Ducale, die in romantischem Ambiente und in dazupassende Gewänder gehüllt auftreten. Vivaldis »Vier Jahreszeiten« stehen immer auf dem Programm, dazu weitere Gassenhauer aus seiner Produktion, subsumiert unter dem Titel »Selezione d'opere«. Genauer will man's nicht nehmen, denn genau so will es das Gros der Besucher von heute. In den Souvenirläden liegen ungezählte CDs mit Vivaldis Kompositionen, der Schriftzug seines Namens ist millionenfach kopiert auf Postern oder Postkarten gelandet. Und daneben verstauben die Einspielungen der Konzerte, Madrigale und Symphonien seiner Kollegen. Claudio Monteverdi neben den Opern eines Baldassare Galuppi oder Domenico Cimarosa: Ladenhüter. Die Herren verschwinden in Vivaldis mächtigem Schatten.

Schon zu Lebzeiten galt dieser als Star. Priester, Lehrer, Künstler und darin ein gefeiertes Genie. Nach seinem Rückzug von den kirchlichen Pflichten – der Gottesdienst war eine Überforderung für seine schwächliche Gesundheit – stürzte sich Vivaldi mit Verve ins Geschäft: ein temperamentvoller Mann, der sich rühmte, Partituren im Akkordtempo zu produzieren. Sie wünschen? Ich liefere. Ein *concerto grosso* gefällig? Gerne, Zustellung wenig später. Eine Oper? Kein Problem. Hören Sie sich meinen »Tito Manlio« an, den habe ich in fünf Tagen geschrieben. *»Musica del Vivaldi fatta in cinque giorni«*: nichts Besonderes. Sie wissen nicht, wo Sie mein Werk aufführen lassen wollen? Vertrauen Sie sich mir an, ich bin der beste *impresario* und Veranstalter weit und breit, miete Theater an, suche Sänger und Instrumentalisten aus und garantiere einen reibungslosen Ablauf des Abends. Und wenn eine meiner Opern Ihrem Geschmack nicht entspricht, ist der Umtausch inkludiert, dann sorge ich binnen kürzester Frist für Ersatz. Sie möchten ein Original aus meiner Feder in Händen halten? Ich biete Ihnen meine Noten zum Kauf an.

Vivaldi war Venezianer durch und durch, das Handeln steckte ihm im Blut, obwohl er sich mit Gottes Segen walten sah. Es gelang ihm, zum Aushängeschild venezianischer Musik zu avancieren: expressiv und brillant in den Klangfarben, anrührend in der *dolcezza* ihrer Phrasierung, fließend im Rhythmus, munter und beschwingt in den Melodien.

Vivaldis Schaffenskraft und der Furor seiner Imagination schienen unerschöpflich. Erst gegen Ende seines Lebens riss sein Erfolg ab. Er pilgerte zu den Höfen der norditalienischen Residenzstädte und diente sich Fürsten und Herzögen an und flüchtete sich auf der Suche nach Auftraggebern bis nach Wien, wo er 1741 verarmt und verlassen starb. Sein Œuvre geriet rasch in Vergessenheit und wurde erst im 20. Jahrhundert wiederentdeckt. Venedig nahm den verlorenen Sohn in den Würgegriff.

In der Serenissima besetzt Antonio Vivaldi viel Raum – der anderen fehlt. Das bekommt auch Luigi Nono zu spüren. Für Avantgarde ist kein Platz. Nonos Karriere entwickelt sich in Deutschland schneller als in Italien. Mit »Intolleranza« löst er sich vom Seriellen und beginnt sich noch stärker auf Klänge und Stimmen zu konzentrieren. Seine Heimatstadt wird zum Experimentierfeld. Dort studiert er die Sprache der Arbeiter, archiviert den Lärm in den Straßen und Fabriken auf Band und macht sich die Ausdrucksweise der verschiedenen sozialen Schichten zu eigen. Zugleich konfrontiert er Volkslieder aus allen Teilen der Erde mit lokalen *canzone* oder den Chören eines Schönberg oder Dallapiccola.

Unruhe bleibt weiterhin die Quelle seiner Fantasie. In seinem Spätwerk widmet er sich der Live-Elektronik und dem Thema Wandern und Unterwegssein, dem Überschreiten von Grenzen und dem Ausloten unbekannter Klang- und Wahrnehmungsfelder. Zu entdecken in seinem Orchesterstück »No hay caminos, hay que caminar …« oder im »Prometeo«, für den der Philosoph Massimo Cacciari das collagenartige Libretto verfasst hat.

Eine Abwendung von der äußeren hin zur inneren Welt: In den achtziger Jahren stellt sich Nono als Künstler radikal infrage. Das Meer wird zu seinem Kompass. »Es gibt Wasser, es gibt keine Straße, man muss seinen Weg finden, es gibt keinen Wegweiser, man muss jedes Mal von vorne anfangen.« Er lernt, den Steinen zuzuhören, die Zeichen des Himmels zu deuten und die Magie des venezianischen Lichts in seinen Partituren einzufangen.

Nach seinem Tod am 8. Mai 1990 wird Nono auf der Friedhofsinsel San Michele beigesetzt. Nuria Schönberg Nono hütet sein Erbe. Cacciari, zu jenem Zeitpunkt Bürgermeister, unterstützt sie bei den Bemühungen, ein Archiv einzurichten. Seit 2006 beherbergt das frühere Kloster Santi Cosma e Damiano auf der Giudecca die »Fondazione Archivio Luigi Nono«.

In seinen letzten Lebensjahren hat sich der Komponist mit Venedig ausgesöhnt. »Hier entsteht ein ewiges In- und Gegeneinander von Wegen und Tönen, durch die Grundelemente Wasser, Luft und Erde. Die Erde, das sind hier die Steine, der Marmor. Und das Feuer, das wird gleichsam zur Metapher für die Musik, die die anderen Elemente anfacht, also die Luft, den Raum und den Marmor Venedigs. So wird diese Stadt, die gemeinhin als Touristenort gilt, akustisch zu einem Platz, der sich musikalisch, magisch und menschlich immer wieder regeneriert. Es eröffnet sich ein Venedig, das vollkommen ist, eine Stadt voller Überraschungen, die zu endlosem Staunen verführt.« Fast schon eine Liebeserklärung.

»*Maestro di suoni e silenzi.*« Die Inschrift auf der Tafel an jenem Haus an den Zattere, in dem Nono geboren und auch gestorben ist: der Meister der Töne und der Stille. Wer genau hinhört, entdeckt in Nonos Werk die Spuren von Venedig: das Geräusch der *vaporetti*, wenn sie gegen die Uferplanken donnern, die Glocken von San Marco, die Chöre der Gabrielis, das Tuten der Nebelhörner, das Echo der Schritte in den engen Gassen. Die gespenstische Ruhe, wenn es schneit.

# Auf schwankendem Boden

*Streifzüge durchs Ghetto*

*für B.L.*

Wo bin ich da gelandet? Die Orientierung habe ich längst verloren. Der Stadtplan steckt in meinem Rucksack, dort soll er nun bleiben. Ich lasse mich treiben und vertraue allein meinen Augen und dem, was sich vor mir auftut: Häuser, die ins Blau des Himmels drängen, davor ein Kanal, überspannt von einer einfachen Holzbrücke. Sie mündet in ein schwarzes Loch, einen Durchgang. Wo er hinführt? Ich komme näher und entdecke eine Tafel, graue Lettern auf weißem Grund. »Gheto Novo«.

Eine Katze biegt um die Ecke. Braun-grau getigert, ziemlich jung, das Fell glänzt. Doch sie ist schmächtig, fast mager. Eine Einzelgängerin ohne festen Wohnsitz? Kann gut sein. Zielstrebig trottet sie auf die Treppe zu. Vielleicht schlüpft sie irgendwo hinter dem Tunnel unter. Und vielleicht ist die Katze eine Art Einladung für mich, ihr ins Dunkel zu folgen. Ich steige über die Stufen und den hölzernen Steg, durchquere den Durchgang und finde mich unversehens auf einem Platz wieder. Der Campo del Ghetto Novo: Ein paar Bäume und Steinbänke im Licht des winterlichen Vormittags, ein Marmorbrunnen. Häuser in verwittertem Grün,

Rostrot, Braun. Putz fällt von den Mauern, Feuchtigkeit kriecht die Wände hinauf und hinterlässt Zeichen wie rätselhafte Botschaften. *Carabinieri* drehen ihre Runden, das Gelände wird bewacht. An einer Seite des Platzes das Holocaust-Denkmal des Künstlers Arbit Blatas: sieben Kupferreliefs mit Szenen der Deportation. Der Faschismus hat Wunden geschlagen. Sie vernarben nur zögernd.

Knapp vierhundertfünfzig Juden wohnen heute in Venedig, nur zwei bis drei Dutzend von ihnen im Ghetto. Es ist eines von vielen, die ich schon durchstreift habe, und doch ein besonderes: das älteste, das wir kennen. Ein Kreis hoher Gebäude, auf allen Seiten von Wasser umgeben und nur durch drei Brücken mit der übrigen Stadt verbunden. Leben auf einer Insel – und auf schwebendem Untergrund.

Die Geschichte der jüdischen Gemeinde ist keine einfache, geradlinige. 1382 sprechen die Quellen von jüdischen Kaufleuten, die sich in der Serenissima angesiedelt haben, zu einem Zeitpunkt, da man sie andernorts ausgrenzte, verfolgte und fortjagte. Als immer mehr Schutzsuchende in die Lagune strömen, wachsen die Ängste der Venezianer: Die Geistlichen bangen um das Seelenheil ihrer Schäfchen, Adel und Händler um ihre Pfründe. Man müsse sehen, wie man die Juden kontrolliere, meinen die einen, man könne ihnen ja einen eigenen Bezirk einräumen, sagen die anderen. 1516 wird der jüdischen Gemeinde eine winzige Insel in Cannaregio zugewiesen, das Gelände einer früheren Gießerei. Die meisten Immigranten sind Deutsche.

Ihr Italienisch ist ungehobelt, sie haben Mühe mit der Aussprache. Das italienische Gießen, *gettare*, wird zu *ghettare*, das *getto*, wie die Gießerei heißt, zu *ghetto*. Ein Begriff entsteht. Er zieht von hier aus in die Welt.

Das Ghetto von Venedig im 16. und 17. Jahrhundert: eine Stadt in der Stadt, streng observiert und von Gesetzen geknechtet. Seine Bewohner identifiziert man an den gelben Hüten, die ihnen Senat und Großer Rat bei Strafe verordnet haben. Zwei Stunden Ausgang täglich gesteht man ihnen zu. Damit kommt man nicht weit. Die Venezianer postieren Wachen an allen drei Eingängen zum Ghetto und lassen die jüdische Gemeinde dafür bezahlen. Sogar nachts werden die Kanäle von Booten aus gesichert. Und auch die Bedingungen für die Aufenthaltsgenehmigung müssen laufend neu ausgehandelt werden, was für Angst und Unruhe sorgt. Die oft zitierte Toleranz? Bloßes Kalkül. Man mag über die jüdische Religion und Lebensweise spotten, doch wenn es ernst wird, ruft man den Medikus aus dem Ghetto. Ähnlich bei den Geldverleihern und Druckern. Und überhaupt: Auf die Juden ist Verlass, sie zahlen ihre Steuern pünktlich. Die Comunità Ebraica finanziert regelmäßig und ohne aufzumucken die pompösen Feierlichkeiten und Bankette der Adeligen, ohne selbst daran teilnehmen zu dürfen.

Und trotzdem reißt der Flüchtlingsstrom nicht ab. Zu den Aschkenasen gesellen sich Levantiner aus dem Orient und Sepharden aus Spanien und Portugal. Drei Nationen, wie man sie im Ghetto nennt, ein Schmelztiegel, auf beengtestem Raum. Nach zähen Debatten gewährt man den Juden noch ein weiteres Stückchen Land, das Ghetto Vecchio. Dort streitet man um jeden kostbaren Quadratmeter. Die Häuser wachsen in die Höhe. Zwischendecken werden eingezogen, die Kammern sind nun noch niedriger und schmaler. In etlichen von ihnen vermag man sich kaum gerade aufzurichten. Den Juden gehört nichts, Grund und Boden bleiben im Besitz der venezianischen Kommune. Das wenige Geld, das die jüdische Gemeinde nicht für Leben und Steuern braucht, fließt in die Synagogen.

Das Ghetto ist ein verlorener Winkel der Stadt. In Sachen Pracht- und Glanzentfaltung landet er seit jeher auf den letzten Rängen. Das Viertel konnte nie mithalten mit den sehr viel repräsentativeren Quartieren um die Piazza San Marco, in San Polo oder Santa Croce. So altert man gelassen.

Die Dezembersonne steht tief, im Schatten der Häuser sitzen Dunkelheit und Kälte. Wer in diesen Tagen durch die *sestieri* wandert, sucht die Einsamkeit und hofft, dass die Hektik des Advents die Reiselust der Menschenmassen bremst, die in den anderen Monaten über Venedig hereinbrechen. Spätestens zu Silvester beginnt die Hochsaison von neuem. Die Wochen vor Weihnachten sind ruhiger. Im Ghetto bleibt man ohnehin für sich. Ab und zu lärmen ein paar Kinder über den Platz, hin und wieder läuft eine Hausfrau zum *vaporetto* Richtung Fischmarkt am Rialto. Auch die Tigerkatze hat es nicht eilig und tappt gemächlich von Tür zu Tür. Sie kennt die besten Adressen. Wo liegt eine Handvoll Trockenfutter oder eine verrostete Dose mit Essensresten? Nur nicht heikel werden.

An einem der Fenster thront ein rötlicher Kater zwischen Usambaraveilchen und Kakteen und starrt gelangweilt nach draußen. Ein kurzer Ruck, als die Tigerkatze an ihm vorbeischleicht. Ein Gitter verhindert die Begegnung. Fressen oder Freiheit – hatte er die Wahl? Er beobachtet, wie die Freigängerin im Garten des Ristorante Ghimel Garden verschwindet. Dort sieht man sie in der Mittagszeit vor der Küche lauern: leicht geduckt und bereit, sich mit einem Satz auf ihre Beute zu stürzen. Vielleicht fällt ja ein Happen für sie ab. Einen Teil der Speisekarte hat sie schon verkostet, sie weiß, wie Seezunge schmeckt und Dorade. Und ahnt, wie unerreichbar vortrefflich ihr davon ein ganzes Filet munden könnte. Diesmal hat sie den Geruch von *sarde in saor* in der Nase, mit Zwiebeln süß eingelegte Sardinen. Mit etwas Glück wirft ihr der Koch ein paar Fischköpfe zu. Sofern ihn die Kellner nicht beobachten. Sie fürchten um ihre Gäste, wenn sich streunende Tiere als Begrüßungskomitee aufbauen. Heute ist ein schlechter Tag, heute muss sich die kleine Tigerin trollen: die winterlichen Exerzitien, Lektionen in Geduld und Mäßigung.

Zurück am Campo del Ghetto fällt mir bei einem der Häuser eine Kuppel auf, bei einem anderen der Turm. Und an einem dritten die fünf Fenster. Die beiden mittleren Läden bleiben immer verschlossen. Etwas später erfahre ich, wieso. Zusammen mit einer amerikanischen Touristengruppe erforsche ich das Innere des Bauwerks. Hinter der nach außen hin abgeriegelten Fensterfront, so entdecken wir, verbirgt sich das wohl schönste Bethaus des Ghettos – ganz so, als müsste es sich vor zerstörerischen Angriffen schützen: Keine Tempel auf venezianischem Terrain, so die Direktiven der Dogen. Also baute man sie im Verborgenen. *Scole* heißen die Synagogen in Venedig, ein Wort, das sich dem jiddischen »Schul« verdankt. Die 1529 eingeweihte Scola Grande Tedesca ist die älteste. Ein achteckiger Raum, fast wie ein Theater, mit seiner Empore, den geschnitzten Gebetsstühlen, den marmorierten Wänden. Sie sind aus Holz und kunstvoll bemalt. Marmor zu verwenden war den Juden ebenso verboten wie jüdische Künstler zu beschäftigen. Also holte man christliche Baumeister, Stuckateure, Kunsttischler und Skulpteure in die Synagogen. Sie brachten den Stil der venezianischen Gotteshäuser mit und trugen Elemente der jüdischen Kultur in die übrige Stadt hinaus. In manchen Kirchen verbergen sich seither hebräische Inschriften: geheime Nachrichten, die zwischen den Religionen hin- und herlaufen.

Mit dem Niedergang der Serenissima verarmten auch die Juden. Viele brachen auf und suchten in Städten wie Padua oder Livorno nach besseren wirtschaftlichen Möglichkeiten. Gleichzeitig siedelten sich weitere Juden aus Nord- und Osteuropa an. Es wurde enger und düster. Napoleon erschien als Lichtgestalt. Am 7. Juli 1797 wurden die Portale am Eingang zum Ghetto abgerissen und die Wachen entfernt. Die jüdische Bevölkerung ließ sich nach und nach in ferneren Stadtvierteln nieder: eine Befreiung und ein Schritt zur Integration. Das Viertel verfiel. »In dem Stück Venedig, von dem ich erzähle, sind nur arme tägliche Geräusche«, lese ich bei Rainer Maria Rilke. »Die Tage gehen gleichförmig darüber hin, als ob es nur ein einziger wäre, und die Gesänge, die man dort vernimmt, sind wachsende Klagen, die nicht aufsteigen und wie ein wallender Qualm über den Gassen lagern.«

Wer ist nun jüdisch und wer nicht? Im 19. und beginnenden 20. Jahrhundert schien das niemanden zu interessieren. Bis sich die Rassengesetze etablierten und die Deutschen Venetien okkupierten. 1943/44 wurden zweihundert Menschen deportiert und ermordet. Den Venezianern könne man in diesem Fall keine wirklichen Vorwürfe machen, höre ich mehrfach. Sie hätten untergetauchte Juden durch den Krieg gebracht und jene wertvollen Kultgegenstände gerettet, die sich im Museo Ebraico bewundern lassen.

Nur wenige Mitglieder der früheren Gemeinde kehrten nach Kriegsende nach Venedig zurück, die meisten anderen, die der Shoah entkommen waren, emigrierten in die USA und nach Israel. Wer es dennoch in der alten Heimat versuchte, wanderte aus dem Ghetto in die anderen Stadtviertel und nach Mestre, Treviso oder Belluno ab. Doch das Ghetto lebt, vitaler als noch vor Jahren. Eine *locanda* hat ihre Pforten geöffnet, in das Altersheim ist inzwischen das Gästehaus Giardino dei

Melograni mit eingezogen. Es gibt Druckereien, Kunsthandlungen, Galerien und Restaurants. Das Ghimel Garden hat seine Speisekarte auf Jiddisch ausgehängt, das Gam Gam folgt alten Traditionen und serviert Hühnersuppe »con Matza Ball« und »gefillte Fisch«.

Die Bäckerei Giovanni Volpe bietet *dolci ebraici* an, *prodotti kasher*, wie eine Expertise des Rabbiners versichert, die im Fenster hängt. In den Vitrinen liegen Strudel, *pane azzimo* und *orecchie di Aman*. Neue Geschäfte haben sich entlang der Calle Ghetto Vecchio angesiedelt. In den Auslagen glitzert es: Chanukka-Leuchter aus Glas – Murano oder China? –, fein ziselierte silberne Schatullen für Schmuck und Gebetsbücher, ein gläsernes Schachspiel mit jüdischen Figuren: Aschkenasen gegen Sepharden. Daneben Ringe und Anhänger mit dem Davidstern aus jenen bunten Perlen, die in Venedig an jeder Straßenecke verkauft werden. Und dazwischen, wie exotische Findlinge, kleine gläserne Tannenbäume, Kugeln in Gold, Blau und Silber. Eine Form der Ökumeme à la Veneziana.

Es ist dunkel geworden. Der Mond versteckt sich im Rücken der hohen Häuser, der Campo del Ghetto scheint wie leer gefegt. Die Tigerkatze hat eine Runde geschlafen und macht sich bereit für ihre nächtlichen Beutezüge. Sie streift die Mauern entlang und drückt sich an das helle Fenster des Ristorante Upupa. Sie muss draußen bleiben, einmal mehr, hier will sie niemand haben. Etwas später sehe ich sie über den Platz jagen, ein Tor geht auf, die Katze verschwindet mit einem Satz. Leben im Ghetto. Irgendwo findet sich doch noch eine offene Tür, und dahinter Licht.

# E la nave va

*Venedig wird nicht untergehen*

> »[…] zweideutig das Doppelleben der Stadt […], so dass sie weder dem Lande noch dem Wasser angehört [….] – aber ohne dass eine Richtung erkennbar wird, in der es fließt, das sich immerzu bewegt, aber nirgends hinbewegt.«
>
> GEORG SIMMEL, Venedig

Morgendämmerung. Hinter den Giardini steigt die Sonne aus dem Geäst und verscheucht die Dunkelheit aus dem Bacino di San Marco. Venedig reibt sich den Schlaf aus den Augen. Noch ein paar Momente der Ruhe. Vor dem Dogenpalast, wo der Markuslöwe seine Flügel reckt und die Möwen zu ersten Beutezügen aufbrechen, schlagen die Gondeln gegen Dalben und Landebrücken. San Giorgio und die Salute-Kirche strahlen im hellrosa Licht, das Licht tänzelt übers Wasser. Bis die Sonne zu glühen beginnt. Und niemand da, der das Schauspiel würdigt. Vor der Porta dei Fiori warten ein paar Nonnen und ältere Frauen auf den Sakristan. Kurz vor sieben schließt er das Seitenportal zum Markusdom auf und ruft mit einem Klingeln zum Gottesdienst. Da liegt das mächtige Mittelschiff mit den Mosaiken noch im Dunkeln. Die *biglietteria* öffnet um halb zehn. Ohne Ticket kein Zugang.

Quadri und Florian haben es nicht nötig, so zeitig aufzustehen. Allein die Besitzer der Bars hinter der Basilica ziehen ihre Rollbalken hoch und werfen ihre Kaffeemaschinen an. Wenig später lockt der Duft von *cappuccino* und warmer *brioches*. Die Stunde der frühen Vögel. Der Rechtsanwalt von nebenan steht mit dem *Gazzettino* am Tresen, daneben eine Runde von Straßenarbeitern. Ein Schwatz und ein *caffè* und sie kehren zurück auf die Piazza. Gegen vier Uhr hat die Flut den Hochstand erreicht. Nun ist der Boden trocken und die Stege müssen entfernt werden.

Die Lastenträger sind in Eile. Sie haben Waschmittel, *pasta*, Reis und Wein geladen, dazu große Säcke mit frischem Brot. Wenn sie sich jetzt nicht sputen, wird ihr Tagwerk zum Hürdenlauf. Kurz nach neun formieren sich erste Schlangen vor dem Markusdom, um elf ist der Platz vollends überfüllt. Kein Durchkommen mehr. Gut, wer die Schleichwege kennt, um sich auf Nebenrouten durchzuschlagen. Und noch besser, man bleibt zu Hause.

Venedig ist ein Touristen-Hotspot wie kaum ein zweiter. Wer die Statistiken liest, erschrickt. Dreißig Millionen Menschen jährlich, so schätzt man, strömen durch die Straßen und Gassen und über die Plätze. Dem gegenüber stehen die gut fünfzigtausend Venezianer, die im historischen Zentrum Venedigs wohnen: Die Zahl sinkt stetig. Wie fühlt man sich dort als Einheimischer? In Geiselhaft genommen von den Besuchern aus allen Erdteilen, belästigt von Kameras, laut schreienden Fremdenführern, *gondolieri* und Händlern. Ruhigere Plätze muss man mühsam aufspüren, in Teilen Cannaregios, im Osten von Castello oder auf der Giudecca.

Im Sestiere di San Marco möchte ohnehin niemand leben. Er ist sich selbst fremd geworden. Der Bäcker von nebenan, der Schuster und die Freundin im Geschäft mit der wunderbaren Auswahl an Nähseide, Zwirn und Knöpfen, die Friseurin: weggezogen. Internationale Designer, Kettenläden und asiatische Kaufleute haben sich auf die frei gewordenen Räumlichkeiten gestürzt. Und selbst die *trattorie*, einst oft Familienbetriebe, wechseln häufig die Besitzer: Der Generationenwechsel ist misslungen. In der Küche spricht man Mandarin oder Koreanisch und perfektioniert sich in der italienischen Küche, im Service hört man Italienisch mit Akzent.

Viele Venezianer übersiedeln auf die Terraferma, nach Mestre oder Marghera. Von dort aus pendeln sie zu ihren Arbeitsstellen in der Gastronomie und Hotellerie. Makler treiben die Preise der frei gewordenen Immobilien nach oben. Söhne und Töchter logieren bis weit ins Erwachsenenalter bei *la mamma*. Wenn sie sich dann doch abnabeln, mündet der Wunsch nach einer eigenen Bude in eine Odyssee. Kaum jemand, der längerfristige Mieter bevorzugt und den Preis familienfreundlich gestaltet. Zu groß ist die Verlockung, ganze Häuser oder auch nur Etagen zu Pensionen oder B&Bs umzubauen und damit ordentlich Geld zu machen. Und wer seine Wohnung auf einer der Unterkunftsplattformen anbietet, hat besonders gute Umsätze. Ferienappartements boomen. Der Fisch und das Gemüse vom Markt, der Wein von der sympathischen *enoteca* nebenan. Und abends gemütlich die Füße hochlegen in den eigenen, wenn auch nur für ein paar Tage angemieteten vier Wänden: Die meisten Venedig-Liebhaber, die sich solchermaßen in einer Art Alltag einrichten, wollen nichts wissen vom Preis ihrer Sehnsüchte. Sie verdrängen damit die Einheimischen, die an ihren Wohnungen verdienen und dafür den Ortswechsel auf sich nehmen.

Venedig ist überaltert, ein Großteil der *residenti* ist über sechzig. Bei Einbruch der Dämmerung schließen sich die Fensterläden, kaum Licht, das nach außen dringt. Weil oft auch niemand da ist. Allein am Canal Grande funkeln die Luster, beleuchten die prächtigen Stuckdecken, Bibliotheken und Bilder in den Hallen und Zimmern luxuriöser Hotels. Doch die meisten Privat-*Palazzi* stehen das ganze Jahr über leer. Die einstmals stolzen Bewohner der Serenissima seien vergrämt, hört man: von Venezianern nämlich, und die müssen es wissen. Man verachtet und verspottet die Touristen und damit auch einen Teil seiner selbst. Viele fühlen sich als Opfer ihrer Abhängigkeit vom Fremdenverkehr. Die innere Zerrissenheit macht bitter, auch die Erfahrung der Krise, die Italien mit voller Wucht getroffen hat.

»Das Venedig von heute«, schrieb Henry James gegen Ende des 19. Jahrhunderts, »ist ein riesiges Museum, in welchem das kleine Drehkreuz, durch das man Einlass erhält, in unaufhörlicher Bewegung ist und quietscht [...].« Das Drehkreuz war schon damals überstrapaziert. Der Fremdenverkehr ist kein junges Phänomen. Bereits im Mittelalter entstanden Herbergen für Pilger, die bei den Reliquien des Markus Station machten, ehe sie nach Jerusalem weiterzogen. Was die Signoria dazu anhielt, den Ausbau der Infrastruktur voranzutreiben. Jahrmärkte, Opernaufführungen, gutes Essen und komfortable Schlafplätze, elegante Kurtisanen, Lustknaben und Transvestiten, Spielsalons, Feuerwerke und Artisten lockten vergnügungssüchtige Gäste an. Der Karneval bescherte dem Handel lukrative Einkünfte. Ursprünglich auf vierzig Tage beschränkt, wurde er in späteren Zeiten sechs Monate lang exzessiv gefeiert. Venedig versteckte sich hinter seinen Masken, zeigte sich überbordend fröhlich und schlitterte zugleich dem Untergang entgegen. Zerrissen zwischen den Machtansprüchen Napoleons, der Habsburger und Italiens driftete man durch bittere Zeiten. Der Tourismus avancierte zur wichtigsten Einnahmequelle. Maler wie Turner oder Guardi befeuerten romantische Sehnsüchte, Generationen von Dichtern und Literaten wie Lord Byron, John Ruskin, Hofmannsthal oder Rilke besangen *morbidezza*, Melancholie und die Patina der Jahrhunderte.

Venedig warf sich auf die Klientel von Thomas Cook & Co., umwarb schöngeistige Bildungsbürger und suchte mit Seebädern wie Brighton, Nizza oder San Remo zu konkurrieren. Riva statt Riviera: Wo sich heute Hotels wie das Danieli, das Londra Palace oder das Metropole reihen, sollte das Grand

Albergo Cosmopolitano aus dem Boden wachsen, so der Plan von 1843: ein luxuriöses Etablissement mit gut fünfhundert Zimmern, einem Theater, hängenden Gärten, Sternwarten, Spielsalons und riesigen Decks und Badeanlagen. Die Baubewilligung für das monumentale Projekt an der Riva degli Schiavoni wurde nicht erteilt, die Karawane wanderte weiter und ließ sich schließlich am Lido nieder, einem bis dahin dünn besiedelten Küstenstreifen. Das Argument der Behörden für die Entscheidung gegen die *città storica*: Der Bacino di San Marco müsse für die Schifffahrt erhalten werden.

Ironie der Geschichte. Wenn heute die Kreuzfahrttanker an den Zattere und am Dogenpalast vorbeigleiten und Hunderte erlebnishungriger Touristen ausspucken, frohlocken die Fotografen über surreal anmutende Sujets: gigantische Dampfer vor der Skyline einer fragilen Stadt. Sie und die Motorboote stoßen Unmengen von Schadstoffen aus und gefährden die ohnehin bedrohte Bausubstanz noch weiter. Auch die Geschäftsleute und Gastronomen klagen. Die Menschenmassen drehen in Herden ihre Runden: Markuskirche, Caffè Florian, Rialto-Brücke und zurück. Ein paar Postkarten und das eine oder andere billige Souvenir: kaum jemand, der hier viel ausgibt, auch nicht fürs Essen. An Bord wartet der reich gedeckte Tisch. Solcherart werden Besucher zu Ärgernis und Last, verstopfen die Straßen, sorgen für Lärm und Unrast und hinterlassen Berge von Müll.

Die Kämpfe gegen diese Form des Alltags, wie sie mehrere Bürgerinitiativen ausfechten, branden immer heftiger auf. Entsprechend optimistisch stimmten die Schlagzeilen des 8. November 2017: Man hat eine Einigung erzielt. Fortan müssen die Kreuzer in Marghera anlegen. Von dort aus werden die Passagiere mit kleineren Booten ins Zentrum befördert, so der Plan. Die Venezianer aber kritisieren und verhöhnen die Lösung als bloße Kosmetik. Die Schiffe und Tanker werden nicht etwa aus der Lagune verbannt, wie erhofft, im Gegenteil: Die neuen Terminals, die frühestens 2022 in Betrieb gehen, können doppelt so große Boote aufnehmen. Wohin also führt der Weg? Zu den elektronischen Sperren, die den Zugang regeln? Zur *biglietteria* mit einer beschränkten Anzahl von Tickets pro Tag? Venedig als Freilichtmuseum, die Bewohner Statisten, gut entlohnt und mit Anspruch auf Sozialversicherung und Pension?

Es ist dunkel geworden und spät. Ein einsames *vaporetto* tuckert Richtung Ferrovia und Piazzale Roma, die Gondeln sind vertäut. Venedig wiegt sich in den Schlaf. Es wird still. Die Flut zieht sich zurück, die Wellen schwappen lautlos gegen die Mauern. Venedig gehört nun sich selbst, für ein paar Stunden zumindest. Ein letzter Spaziergang, diesmal heimwärts. Doch er endet nicht vor der eigenen Haustür, sondern abrupt vor dem Nichts, an einer Wand. Sackgasse. Einmal falsch abgebogen, links statt rechts, und schon ist der Zufall am Zug. Die Namen und Nummern der *calli, fondamente* und *corti* sind nichts, woran man sich orientieren könnte. Der Ponte Storto etwa, die gekrümmte Brücke: eine schöne Adresse. Davon gibt es zehn verschiedene. Venedig ist vieldeutig. Eine Stadt zwischen Meer und Land, gebaut auf Schlamm, Sand und Schlick. Eine Insel zwischen Norden und Süden, ein weit geöffnetes Tor für Katholiken, Protestanten, Juden und Muslime, eine Schnittstelle von Orient und Okzident. Und darin nichts, was sich fassen und festschreiben ließe. Alles verschwimmt, der Spiegel ist verzerrt. Im Labyrinth der Straßen, Durchgänge und Kanäle und an den Grenzen zwischen Wirklichkeit und Imagination kann man sich verlieren und neu finden. Wo der Boden schwankt, wohnen das Unergründliche und das Geheimnis.

*Andare alla deriva*«, eine alte Redewendung: Das Hin- und Herdriften, das Fließende ist das Lebensgefühl der Lagune. Das Wasser weist den Weg, Ebbe und Flut, die ewige Wiederkehr der Strömungen. Die Stadt, einst Zufluchtsort für die ersten Siedler, wird zum Schiff und nimmt alle mit an Bord: Verbannte, Heimatlose und Verbrecher, Träumer, Sehnsüchtige und Fantasten. »*E la nave va.*« Venedig wird nicht untergehen.